LA

POLITICA

Y

LO POLITICO

EL JUEGO POR EL PODER

POR

M.A.N.ESQUIVEL.

ÍNDICE

PRÓLOGO

En el siguiente texto tiene por meta introducir los principales temas relacionado con la política como una actividad humana. La política es una actividad propagada en nuestras vidas, hasta las personas más reacias a interesarse en política se enfrentan a diario con las medidas y decisiones que toman los actores políticos y que afectan directa o indirectamente en nuestras vidas.

En el presente libro se intenta una visión completa del fenómeno político, explicando sus orígenes y evolución a través del tiempo, haciendo las oportunas referencias a la actualidad. ¿Quién debería de leer este libro? Los temas que abordo aquí son relevantes para cualquier persona interesado en la política y el gobierno.

Es por esto, que he intentado minimizar lo más posible la jerga académica especializada y mantener las palabras y la información tan clara y concisa como sea posible. No intento de presumir de ningún conocimiento especializado.

Sobre todo, a lo que se refiere al acceso al poder, sin embargo, no podemos limitarnos a observar este fenómeno desde el acceso al poder sin todas sus variantes.

Es por esto mismo e abordado en el texto la política exterior, la economía, la administración, el liderazgo y la ética. Para poder informar conceptos que son partes de la política y los gobiernos.

También he abordado que es una constitución, para que sirve, su historia y evolución a través del tiempo y como la constitución es fundamental en nuestras vidas y en el momento coyuntural que estamos viviendo, sin contar intentar responder las dudas más comunes de las personas que están relacionada con la carta fundamental.

"Los hombres hacen su propia historia"

"Los hombres hacen su propia historia"

CAPÍTULO 1

La política y lo político

El pretender entender la política desde la nada es algo muy pretencioso. Sin embargo, es esencial dar el primer paso para poder entender y darle el lugar que se merece la cual es una actividad humana diaria.

A primera vista el campo de la política puede ser apreciada como un ámbito cuyos límites han sido establecidos a lo largo de siglos de discusión, práctica y reflexión.

Citando a Hanna Arendt "allí en donde los hombres conviven en sociedad, en un sentido civilizatorio, hay y habido siempre política". (Hanna Arendt, pág. 68).

Pero si lo logramos ver desde el lado de la sociedad siempre habido disparidad de pensamientos e influencias, dominadores y dominados.

Esto conlleva al espacio de la política donde se refleja las distintas "fuerzas tensiónales" que se dan en la sociedad, es por ello que podemos decir que: "la política es tanto el origen y la fuente de conflictos, pero también como un modo de llegar a resolverlos y buscar consensos para solucionarlos.".

Desde la mirada de la ciencia, la política busca más prevenir que predecir. Es por esto, que se diferencia de la economía, la sociología e incluso de la antropología.

Desde lo largo de la historia, y citando en un modo de ejemplo a Platón, Maquiavelo, Hobbes o Bobbio, en un intento se buscó fundar las bases de una ciencia que prevenía de las acciones más primitivas y comunes que el hombre realizaba estando en sociedad para poder lograr obtener el poder y para poder conservarlo.

Para estos grandes personajes y autores de la historia la primera y más importante, inquietud fue la disolución, el vacío, el caos, la anarquía, un rey sin corona, la cual puede ser legítima o no. Este Estado de situaciones era simplemente angustiante para la gran mayoría de la población. Chile también paso por esta situación llamada anarquía que duró 7 años.

Por lo tanto, podríamos resumir esto es una simple ecuación matemática:

POLITICA= EJERCICIO DEL PODER- INTERES PUBLICO – ORDEN.

1- Ejercicio del poder: es la capacidad de influir sobre el comportamiento de otros.
2- Interés público: es el ámbito o esfera donde se desenvuelve con más efectividad la política.
3- Orden: ausencia de conflicto, en otras palabras, el vacío de autoridad (sin connotación de ideología o de algún estilo de régimen).

Otra definición de política es del historiador Finley especializado en la antigua Grecia, quien dice que la política es el arte de arribar a decisiones mediante una discusión pública civilizada y de obedecer después a tales decisiones como una necesaria condición para la presencia social de los hombres civilizados, su trabajo más notable fue la economía antigua.

CAPÍTULO 2

Orígenes

El origen de la política que conocemos se encuentra en el cruce de dos mundos. En el puente del occidente con el oriente. El territorio, aunque no así el país actual, ni el Estado ni la nación, conocida como Grecia.

Con lo anterior no quiero decir que en oriente o en América no se practicara la política como tal, como una actividad humana, sino que fue Grecia que se abordó la política como algo comprensible para el intelecto humano, algo que debe ser explicado a la excepción de la naturaleza o los dioses.

En aquella antigua y lejana Grecia el espacio de la política estaba reservado únicamente a los hombres libres, más aún, el contenido auténtico y el sentido mismo de la política era la libertad en las polis, el hombre libre de las ataduras de las producciones de los bienes, únicamente reservado a esclavos y metecos (extranjeros), y libertad para entender sobre los asuntos de la ciudad.

La llamada libertad política en el mundo griego era sinónimo de igualdad "entre iguales" ante la ley (pero en realidad esto era muy desigual, por cierto, ya que no contemplaba ni a las mujeres, ni extranjeros, ni esclavos). Para representar esta igualdad existió una palabra extensamente usada, que era "isonomía" la noción de isonomía procede de la lengua griega. El término sutilizaba para aludir a la igualdad antes las leyes.

Se entiende por isonomía que los ciudadanos cuenten con los mismos derechos políticos y civiles. De este modo es una señal esencial de un régimen democrático.

La sofística

Las sofistas, acérrimos enemigos de Sócrates y Platón, "mercaderes y relativistas" del conocimiento fueron los primeros que liberaron a la política de la naturaleza y de los sobrenatural.

Divulgaron y enfatizaron que la política, tenía un arma y esta era el discurso, el cual constituía un ámbito propio del ser humano.

Esto sucedió a lo extenso y amplio del territorio griego, en pequeñas localidades denominadas "Polis", compuestas de poblaciones pequeñas, en economías esclavistas con un selecto grupo de ciudadanos que se dedicaban a debatir y gestionar el espacio público de las polis.

Los sofistas, son mayormente extranjeros que no intervinieron en asuntos públicos de la poli ateniense (en lo cual esto hace referencia que ellos no votaban en las asambleas, ni tampoco ocupaban cargos públicos) incluso cuando esto no era un freno para sus apariciones públicas, en la cual explotaban toda su capacidad retorica discursiva.

Los fundadores de la política

Hablando de fundadores hay dos grandes exponentes y creadores del origen de la política clásica, como son Platón y Aristóteles.

Platón lo que hacía era, personificar a Sócrates, fue un reconocido y prolífico autor que dedico varios capítulos a la constitución de las polis. Para Sócrates, el orden de una sociedad provenía de la subordinación de lo inferior a lo superior, así como de la guía del rey, el cómo filósofo clásico quien poseía el título de estadista, ya que conocía la idea del bien.

Platón de una manera inocente, pensaba y creía que el poder no era compulsivo sino todo lo contrario que perseguía iluminar a los hombres de que era bueno y virtuoso.

Su experiencia a experimentar esta creencia fue un fiasco, dado que intento cultivar a Dionisio, tirano de Siracusa. Este personaje casi termina con la vida de Platón, el cual tuvo que escapar para protegerse.

Su obra clave dentro del mundo de la política es "La República", un escrito que da cuenta de la urbe perfecta, en todo sentido, desde su conformación, la división de las tareas hasta su diseño arquitectónico.

En realidad, esta ciudad que el diseño es un brillante y atractiva utopía la cual, rápidamente, se transformó en una pesadilla autoritaria, ya que como pasa en cualquier conflicto los elementos disonantes era eliminado de cuajo.

Aristóteles fue uno de los otros grandes exponentes de la cultura griega con grandes influencias en el mundo de las ideas. Es reconocido por haber influido tanto en árabes como cristianos por igual, esto puede ser demostrado, ya que él fue el maestro del gran Alejandro Magno.

Para Aristóteles, las polis era el modo supremo de convivencia comunitaria, gracias a la alianza afectiva y de justicia que unía a los hombres.

Aristóteles definía a los hombres como un zoon politikon, es decir un "animal político", esta frase no hacía referencia a los extranjeros de la época los cuales eran considerados bárbaros. Aristóteles definió y distinguió a los regímenes políticos por primera vez tipificó y modelo en razón de la cantidad de gobernantes y su pureza, él creía que eran impuros aquellos que ejercían el poder en beneficio propio.

La [1]Politeia, era un régimen que, por una parte, sería nuestra democracia actual, o mejor dicho con otras palabras un régimen político con instituciones legales; en segundo lugar, la Politeia estaría constituida por el "término medio", es decir no por los extremos de las polis, algo así como la clase media, aunque delimitada a los ciudadanos de las polis.

---

[1]Politeia: es una palabra que proviene del griego que puede entenderse como el espacio de lo público o simplemente espacio público. Es el espacio en el que convergen la ciudad-Estado y los ciudadanos. La connotación que tenían Platón y Aristóteles para la palabra era la de una sociedad educada y participativa.

Aristóteles fue el que recupero la tradición [2]isonómica la cual era fundamental en la democracia ateniense, la cual había quedado opacada por las escuelas platónicas.

Una crítica hacia platón que mucho le hacían tanto en la antigüedad como la actualidad, es que todos quienes se imaginan que el hombre representando al Estado, el rey, el jefe de familia o padre de familia y el propietario de esclavos son idénticos, no se expresan debidamente, solo ven una diferencia de más o menos en cada uno de ellos y no una diferencie de especie.

Es bien sabido que el mundo griego fue absorbido por la naciente roma, pero su legado se extendió más allá de lo imaginado gracias a su riqueza cultual y a la difusión de Alejandro Magno.

Los romanos subsumieron la política a la [3]civitas. Las ciudades crecieron en tamaño, se complejizo la economía, por ello fue necesario sustituir la política por el orden jurídico.

Cicerón fue un político y filosofo romano. Es considerado uno de los más grandes políticos romanos (106 a. C – 43 A. C.) decía que las civitas no era una agregación humana cualquiera sino una basada en el consensó de la ley.

Unas de sus frases más reconocidas de Cicerón era el pueblo no es todo conjunto de hombres reunido de cualquier manera, sino el

---

[2]Isonómica: viene del griego isonomikos y significa "relativo a la igualdad de derecho". Sus componentes léxicos son: isos (igual) y nomos (ley), más el sufijo -ico (relativo a).

[3]Civitas: Se denomina civitas a la comunidad ciudadana jurídicamente organizada y basada en la primacía de la sociedad civil (de lo que se deriva el desarrollo del ius civile). La civitas romana hereda la idea de polis griega y fue fundada en el año 753 a.C.

conjunto de una multitud asociada por un mismo derecho, que sirve a todos por igual.

En Roma se sientan las bases de la república como un modo de gobierno contrario a la monarquía, la cual es una palabra prohibida para los romanos.

Este tipo de gobierno, como es la republica busca equilibrar las fuerzas políticas que conviven en las ciudades romanas. La imagen del circo romano es una mezcla de estratos sociales como los son la plebe y las [4]familias patricias.

En el Medioevo la política se teologiza. Con el debate del bien y el mal, la cual está unida a la ética teológica. Santo Tomas, es quien define al hombre como un "animal político y social", incorporando la idea del cuerpo social, que este guiado por la moral cristiana, la cual florece en la tierra.

Sin embargo, a partir del comienzo del siglo XIII, el Medioevo comienza a agrietarse en todo aspecto, político, con el cuestionamiento a la autoridad de la iglesia en el gobierno de los hombres, económico, a partir de la emergencia nueva lucrativa actividades comerciales, sociales, irrumpen nuevas costumbres y se desafían las fuertemente arraigadas, científicas, se desmorona el sistema geocéntrico, con fuertes cuestionamientos a la utilidad del sistema [5]ptolomeico.

---

[4]Familias patricias: Los patricios son aquellas familias de clase alta que influyeron en la independencia de la nación (tanto a favor como en contra) y tenían cultura, ciertas tradiciones y buenos modales. Además, estas personas consideradas '.'padres de la patria" tenían poder político y económico.

[5] Ptolomeico: De la geografía de Ptolomeo (siglo II), que consideraba la Tierra como centro del universo, alrededor de la cual se movían todos los astros

Fue una época en la que cabe decir a problemas extremos, soluciones de igual de intensidad.

Fue una época en la que cabe decir a problemas extremos, soluciones de igual de intensidad.

CAPÍTULO 3

El despertar de la modernidad

La era de la modernidad es considerado la ruptura de todo lo anterior que conocíamos de la política, el cuestionamiento que se elevó sin control del antiguo Medioevo.

Sin embargo, la modernidad es más fácilmente asimilable al mundo antiguo que aquello que conocemos hoy, esto se debe dado que los Estados nacionales no existían, el absolutismo y las guerras estaban a la orden del día, eran muy comunes en esos tiempos. El PIB per capital crecía poco y a un ritmo despacio, y peor aún, persistían ciertos fundamentos sociales que eran difícil de modificar.

En este periodo o escenario, nace un personaje florentino llamado Nicolás Maquiavelo. El cual fue más conocido por lo que no dijo, que por lo que escribió en su vida. "El fin Justifica los medios", se transformó posteriormente en un clásico en el análisis político.

Nicolás Maquiavelo fue reconocido por su principal obra, El príncipe, es sin tapujos un alegato el ejercicio del poder crudo y descarnado.

El príncipe fue escrito principalmente para complacerse con la familia Medici que lo había encarcelado por supuestas traiciones, tiene una curiosa por decir lo menos actualidad referido al comportamiento humano relacionado con el ejercicio del poder.

En el presente texto no tiene la intención de parafrasear a Maquiavelo, aunque algunas frases pueden resultar útiles para conocer el espíritu de dicha gran obra:

"...Las cosas por las que los hombres son alabados o censurados, sin fin de escribir cosa útil para quien la comprende, he tenido por más conducente seguir la verdad real de la materia que los desvaríos de la imaginación en lo relativo a ella, porque mucho imaginaron repúblicas y principados que no se vieron ni existieron nunca. Hay tanta distancia entre saber cómo viven los hombres y saber cómo deberían vivir ellos, para gobernarlos, abandona el estudio de lo que se hace para estudiar lo que sería más conveniente hacerse, aprende más bien lo que debe obrar su ruina que lo que debe preservarle de ella... "(Maquiavelo Nicolás, el príncipe, ed. Varias, capitulo XV).

Sobre el príncipe dice:

"No obstante, debe ser más prudente en sus reflexiones y en sus acciones, sin alimentar falsos temores imaginarios, procediendo moderadamente y con humanidad, de modo que el exceso de confianza no le haga incauto y el exceso y desconfianza no lo vuelve intocable. De ahí nace una controversia, si es mejor ser amado que temido, y viceversa. Se contesta que correspondería ser lo uno y lo otro, pero como resulta difícil combinar ambas cosas, es mucho más seguro y fácil ser temido que amado cuando una de las dos cualidades falta." (Maquiavelo Nicolás, el príncipe, ed. Varias, capitulo XVII).

Maquiavelo fue el artífice, sin quererlo y abrió un mundo diferente para el gobierno de los hombres.

La atención de Maquiavelo no se encontraba en la constitución de la ciudad ideal o utópica como los primeros fundadores de la política, ni en el buen gobernante, él tenía puesta toda su atención en las circunstancias de la fundación de las ciudades específicamente en su tradición política tradicional.

También él fue reconocido por quien teologizó y desmoralizó la política.

Maquiavelo a comparación a otros personajes importantes del mundo de la política, le proporciono impronta a su esencia como actividad que busca alcanzar, ejercer y mantener el poder. Por lo tanto, esto quiere decir que los hombres son volubles, impredecibles y temerosos, la política no tiene por qué ser "sucia".

Es más fácil eliminar a los elementos disonantes en el mundo de la política. Hay aportes muy enriquecedores.

Una importante transformación se produce gracias a la reforma protestante. De Martín Lutero, y posteriormente Calvino, los cuales fueron los propulsores y defensores la idea del diálogo interior entre el individuo y la divinidad, a través de la interpretación "no mediada" de la palabra sacra.

La reforma se vio alentada, inesperadamente, por una gran invención inédita que cambiaría al mundo, la prensa de Gutenberg.

De esta manera, de una forma pausada pero creciente, la presentación divina que fue la prensa sobre la tierra ayudo a estipular lo que estaba bien, de lo que decían las escrituras, etc.) con este acontecimiento fue herida de muerte y se inauguró la etapa de la libertad de conciencia individual.

Con reclamo por tolerancia religiosa, se origina una nueva escala de índole racional, "el [6]iusnaturalismo". El siglo XVII dio origen al derecho natural.

Por supuesto esto por brevedad esto debido a los aportes más significativos, entre ellos, los [7]contractualistas (Hobbes, Locke y Rousseau) quienes de forma muy original concibieron un fundamento "racional y atemporal" al origen del Estado y la sociedad. Estos mismos personajes situaron de manera hipotética, una innovación intelectual de la época la cual estaba basada en supuestos, la existencia de un contrato social que no dependía de ninguna institución divina o sobrehumana, sino del consenso de sus asociados.

Desde el pesimismo de Hobbes, magistralmente ilustrado en la frase "homo homini lupus" esta frase hacía referencia a, el hombre es el lobo del hombre. Esta frase quería decir que legaba al hombre, por interior del temor a la muerte y paradójicamente, el consenso, un Estado fuerte y omnipotente, a Rousseau y su enunciación de la voluntad general como recuperación de la comunidad entre los hombres, al inglés Locke que pregonaba un Estado limitado el cual estaría dividido en sus funciones para poder defender el honor, la propiedad y la vida.

Fue la modernidad la que le dio[8] autarquía, independencia y autosuficiencia a la política como actividad centrada en el ejercicio

---

[6]Iusnaturalismo: es una doctrina filosófica y del derecho a través de la cual se considera que las normas o derechos son propios de la naturaleza del ser humano y anteriores a cualquier derecho establecido. Forman parte del derecho natural.

[7]Contractualistas: es una corriente moderna de filosofía política y del derecho, que explica el origen de la sociedad y del Estado como un contrato original entre humanos, por el cual se acepta una limitación de las libertades a cambio de leyes que garanticen la perpetuación y ciertas ventajas del cuerpo social.

[8]Autarquía: Sistema económico en el que un estado se abastece con sus propios recursos, evitando en lo posible las importaciones.

del poder, el orden y la injerencia en los asuntos públicos diferente, aunque por encima de la esfera privada.

Todo lo anteriormente es la política, la cual se desprendió de la Moral y la Religión, y se hizo cargo el Estado.

El siglo XX llevo el ejercicio de la política a la esfera del poder del Estado, entendido este ejercicio de la política como un ente burocrático y profesional.

CAPÍTULO 4

El Estado y el poder

El Estado es, lisa y llanamente coerción. El cual se impone y se ejerce su autoridad sobre otros, y fue la política que le brindo el sustento teórico y práctico de ejercer el poder y la dominación de manera amplia.

cuando aún ni siquiera existiera como una burocracia formal como se conoce actualmente, los remedos de Estado ejercían el poder en las abundantes ciudades orientales y romanas, con formas de gobierno provocativos.

La máxima autoridad que ejerce el Estado, tiene distintos orígenes uno de ellos es San Agustín el cual indico que Dios había creado un poder temporal para manejar los asuntos públicos, los contractualistas lo ubican en una especie de pacto imaginario, pero para fundarle y para darle autoridad y legitimidad.

El economista Mancur Olson dice que, antiguamente, existían ciertas bandas de ladrones errantes que fueron contratados por los pobladores para que les robaran durante todo un año, a cambio de protección y seguridad contra las bandas enemigas cercanas. Es decir, se originó unas de las primeras mafias.

A lo largo de la historia del hombre, los Estados tuvieron distintas formas de gobiernos como son: Imperios, Monarquías absolutistas, Parlamentarias, Republicanas y Democráticas, pero fue Max Weber, en el siglo XX, quien más amplia y específicamente definió el Estado como:

"… una asociación de tipo institucional, que el interior de un territorio ha tratado con éxito de monopolizar la coacción física y legitima como instrumento de dominio, y reúne a dicho objeto los medios materiales de explotación en manos de sus directores, pero habiendo expropiado para ellos a todos los funcionarios de clase autónomo, que anteriormente dependían de aquellos por derecho propio, y colocándose a sí mismo, en el lugar de ellos, en la cima suprema". (Weber Max, economía y sociedad, fondo de cultura económica, págs. 1043-1076).

Weber también describió como el ejercicio del poder se relacionó con ciertas características de dominación histórica y social, la dominación tradicional, basada en la costumbre, así como por pautas de convivencia muy elementales y cuasi irracionales de dominación carismática, basada en la personalidad del líder de un carácter muy inestable y, por último, la dominación racional legal, está basada en principios legales y técnicos.

Este último tipo de dominación es la que le da estabilidad al Estado moderno y a la burocracia que conocemos hoy, y esa su razón de ser.

Sin embargo, el Estado y el ejercicio absoluto del poder, despertó desde temprano serios recelos entre los pensadores más modernos.

Hay algo que siempre que hay que recordar que la política como ciencia es nada más que preventiva, no predictiva y varios reconocidos autores decidieron que era su obligación reflexionar, y sobre todo hacer reflexionar sobre el poder que tiene el Estado.

Particularmente Montesquieu planteo la necesidad de dividir el poder del Estado en tres esferas para poder fomentar una política de frenos y contra pesos.

Los poderes a los que nos referimos son: el ejecutivo, legislativo y judicial la división de los poderes se implementó tras las independencias de América unos de sus mayores ejemplos las colonias americanas hoy en día Estados unidos, emancipado de la corona británica.

La frase de Montesquieu sobre la política de frenos y contra pesos tiene por finalidad acortar el poder del Estado. Ya que como dijo, james Madison (político estadounidense y cuarto presidente de Estados Unidos) en El federalista "... ¿Qué es el gobierno sino la mayor de las reflexiones sobre la naturaleza humana? Si los hombres fueran ángeles no sería necesario ningún tipo de gobierno. Si los ángeles fueran a gobernar a todos los hombres, no se necesitarían controles internos y externos del gobierno" (El federalista, ediciones varias).

Desde la mirada más económica, el poder del Estado también se ha inmiscuido e influido decisivamente en la vida de los seres humanos, como queda en evidencia cuando se hace referencia a los llamados números políticos, es decir números que han sido no sé si manipulados, pero si distorsionados por la autoridad para favorecer algún sector de la población.

Este adagio que dejo a continuación sirve para reflexionar, "se puede hacer de todo, menos evitar las consecuencias", este adagio nos quiere decir algo muy simple y fácil de comprender que todos nuestros actos tienen consecuencias y como diría la tercera ley de Newton para toda acción hay una reacción igual y opuesta.

A lo largo de los siglos ha habido autores que, a fuerza de trabajo e interpretaciones ha podido analizar diferentes tipos de Estados: el Estado absolutista (siglos XVI y XVII), el Estado liberal (siglos XVIII y XIX), el Estado intervencionista (el cual se encuentra en la década del 30), el Estado de bienestar (a partir de la segunda guerra mundial), el Estado neoliberal (a partir de la década de los 90) el cual para muchos supuestamente se encuentra en crisis.

En los precedentes históricos sobre los Estados es un tanto caprichosa, sesgada, generalista.

Si alguna vez llegaron a existir cada uno de los Estados anteriormente mencionado, lo más probable es que, lo hicieran de manera simultánea y difícilmente sea posible encajonarlo o identificarlo más allá de algún representante fehaciente.

Es más interesante y enriquecedor estudiar y analizar tales perspectivas históricas desde los acontecimientos históricos puntuales que sucedieron, así como de los materiales e intelectuales que hicieron de este Estado un actor fundamental, con determinada identidad histórica.

Como conclusión, cabe citar el escritor F. Hölderlin:

"Lo que ha hecho que el Estado sea un infierno en la tierra ha sido precisamente, el Hombre tratándolo de hacerlo un cielo o un paraíso en la tierra".

CAPÍTULO 5

El Gobierno

Hay ocasiones que los términos Estado y Gobierno se usa indiscriminadamente, sin embargo, tienen diferente significado y connotaciones.

El Estado es continuo de forma ininterrumpida, mi entras que los gobiernos cumplen un ciclo que varía según de acuerdo al sistema de gobierno de turno o vigente.

Los sistemas de gobierno pueden ser: autoritarios o democráticos. Entre los últimos existen gobiernos que son: presidencialistas, semipresidencialistas y parlamentarios.

En todo el continente americano prevalece el sistema presidencialista, el poder recae en el ejecutivo (presidente y gabinete), el poder Legislativo (Parlamento) y el poder judicial (justicia), los dos primeros poderes como son el ejecutivo y el legislativo se legitiman por elecciones periódicas.

En cambio, en el continente europeo predominan los sistemas semipresidencialistas y parlamentarios, en los que el Parlamento tiene mayor y fuerte influencia en la conformación de los gabinetes.

La duración de las diferentes formas de gobierno puede oscilar entre los 4 y 6 años, y en ciertos puestos de gobierno hay posibilidad de reelección de las autoridades. En el caso particular de Chile el gobierno tiene una duración de 4 años, y el ejecutivo sin posibilidad de reelección inmediata, y en otros puestos de gobiernos existe la posibilidad de reelección de máximo dos periodos.

EL Estado es poder, pero no necesariamente el poder está en el Estado.

La idea tradicional del poder es que este se distribuye de arriba hacia abajo, desde el Estado hacia la sociedad, del poder de la iglesia a sus feligreses, del líder a sus seguidores, de la maestra al alumno, del médico al paciente, etc.

Sin embargo, Michel Foucault tuvo la sagacidad o visión de plantear la existencia de un poder microscópico, el cual era casi capilar, atómico, diseminado por el resto de la sociedad.

La microfísica del poder atraviesa los cuerpos imponiendo, muchas veces inconsecuentemente, los designios del poder de turno con fuerza como para que sea considerado como un mandato natural.

Las relaciones microscópicas de poder se encuentran diseminadas entre las familias y amistades, las costumbres sexuales y las reproductivas, todos estos ejemplos que acabo de mencionar desempeñan un papel de condicionante y condicionado.

El aporte de Foucault fue muy importante, el cual tuvo un doble aporte: uno fue sacar el poder de la cúspide, y el segundo fue demostrar que esta diseminación es económica, ya que es más conveniente vigilar que castigar, y de esta manera los cuerpos se comportan todo el tiempo como la cúspide.

Esta nueva noción de poder se complementa con otra afirmación,
que el saber es poder y viceversa, y ello ayuda a diseminar el poder
de forma inconsciente.

CAPÍTULO 6

Las doctrinas político Ideológica

En la actualidad es difícil romper con ciertas tradiciones de clasificar a los políticos, sus acciones y las estructuran que los acompañan de "izquierda" o "derecha", aun cuando en pocas ocasiones se comportan como uno u otro.

La clasificación que hoy aludimos de "izquierda" o "derecha" nació alrededor de 1788-17789 cuando se reunieron los Estados generales franceses, y a la izquierda del Rey se sentaban los representantes del tercer Estado comúnmente "el pueblo", pero en aquel tiempo conocido como la "plebe "y, en el lado derecho, se encontraban los privilegiados quienes eran la nobleza y el clero.

Incluso en aquel tiempo la floreciente burguesía se ubicaba en el estrato social perteneciente a los plebeyos.

Esta clasificación perduro en el tiempo y quedo establecido que la izquierda tenía una inclinación económicamente redistribución e igualitaria, mientras que la derecha, de forma peyorativa, se asoció a la liberación del mercado y la protección de la propiedad privada respecto de la intromisión del Estado.

De una cierta forma brevemente incompleta podríamos decir que:

Y, ¿el anarquismo? O ¿[9]anarcocapitalismo?, y que sucede con ¿los fundamentalismos religiosos?, movimientos ecológicos, antiglobalización, ¿o los actualísimo "indignados" ?, ¿y nuestro

---

[9]Anarcocapitalismo: es una corriente que propone la eliminación del estado como agente económico, la supresión total de los impuestos, al tiempo que aboga por el libre mercado, la propiedad privada y condena el fraude.

preciado y eterno populismo latinoamericano? ¿Este último es de derecha o izquierda?

Como se puede apreciar la clasificación es completamente arbitraria y sesgada, ya que bien podría un liberal estar completamente en desacuerdo o identificarlo con un conservador o un Nazi, fascista.

También un marxista leninista estar en total oposición con un [10]maoísta, un [11]trotskista, incluso con un [12]estalinista, etc. Por otro lado, uno podría decir que el Perón de 1946 es completamente diferente al de los años 70. Como podemos darnos cuenta son innumerables las confusiones.

Es por ello, que le urge a la Ciencia política modificar la clasificación que ha sido utilizada hasta la actualidad, y promover una que sea menos pre juicioso, más expedito y flexible.

En el presente texto no intentamos solucionarlo, sino a visibilizar las variantes que existen.

Una posible variante, podría ser la propuesta que postula Friedrich Hayek la cual veía las doctrinas políticas de una particular manera, concisamente explicada, son tres las vertientes ideológicas, doctrinarias más importantes todas estas en un color negro.

---

[10]Maoísta: se centra en la movilización masiva revolucionaria con industrias independientes creadas a lo largo del país, que provean a la población china de los recursos necesarios para vivir y de armas.

[11]Trotskista: es una corriente del marxismo desarrollada en gran parte por León Trotski. En términos generales, representa una contraposición a la visión que aplicó Stalin del marxismo-leninismo y a las teorías del mismo sobre el socialismo en un solo país.

[12]Estalinista: es una corriente política derivada del modelo de gobierno aplicado por Iósif Stalin en la Unión Soviética. Responde a la interpretación del marxismo de Stalin

1- Conservadurismo: esta postura se relaciona con el mantenimiento de las tradiciones, y se relaciona directamente a la patria, proteccionismo económico, religión, derechos limitados, autoridad basada en las costumbres y liderazgo jerárquico sin cuestionamientos.

2- Socialismo: la postura del socialismo, está relacionado con el compromiso con las ideas de comunidad e igualdad.

3- Liberalismo: el liberalismo es el defensor del libre mercado, la no intromisión del Estado de los derechos individuales y respeto de los derechos individuales del hombre.

Entre las doctrinas anteriormente mencionadas se forman distintas variantes, de acuerdo a específicas circunstancias del sistema político, por ejemplo, estas circunstancias se crean cuando se conforman distintas alianzas entre los diversos sectores, para mantener el statu quo, de modo de suposición diremos y describiré algunos casos, el liberalismo se acerca y se vuelve conservador por ejemplo el populismo en 1946 y en la década de los 90, en otros es el socialismo que se torna conservador, otro caso sería el estalinismo, Corea, Cuba, o el populismo del 2010 de Venezuela y Argentina, y también el socialismo se acerca al liberalismo cuando se viste de los ropajes socialdemócratas Europeo.

Los anarquistas, liberales, socialistas, conservadores y los ecologistas fluctúan entre el socialismo y el liberalismo.

De todas maneras, debe entenderse que esta distinción abarca ciertos rasgos políticos, el ejercicio del poder, Interés público y

Orden, únicamente, se relaciona con el momento y algunas medidas dirigidas hacia a la sociedad.

En materia de economía, es decir a lo relacionado con la política, la economía queda en un segundo plano, salvo quizás a lo relacionado con la propiedad privada.

Hay diversas variantes que buscan reemplazar el anticuado modelo que clasifica izquierda y derecha.

De todos modos, no hay nada que supere el antiguo modelo de esquema político.

Estamos viviendo épocas de cambios, hay supuestas apatías en general y hay partidos que se le puede decir atrapa todo que únicamente pretenden la mayor cantidad de votantes en el medio para sus fines, entonces ¿Por qué no actualizar estos esquemas partidistas y evitar mayores confusiones?

CAPÍTULO 7

Democracia

Para comenzar hablar de democracia quiero comenzar citando a Winston Churchill "...la democracia es la peor forma de gobierno, excepto por todas las otras formas que han sido probadas de vez en cuando".

El primer antecedente o la cuna de la democracia es, la antigua Grecia.

Alrededor del siglo V a.C, las polis griegas constituían pequeñas unidades socioeconómicas ciudades Estados, como anterior mente mencionada, las polis permitían que los hombres mayores de 20 años con las condiciones de hombres libres y como ciudadano polis en esta categoría no entraban ni esclavos, ni extranjeros, ni mujeres, sin importar la condición social, participaban activamente y plenamente en el gobierno de las polis.

Un destacado político y gobernante ateniense Clisteres fue un reformista que logro introducir una constitución participativa en el año 507 a.C, en aquella constitución se proclamó y se instituyo un sistemas de elecciones de autoridades, compuesta de una forma abreviada, en una especie de asamblea conocida por ese entonces [13]Ekklesia la cual estaba constituida de varios cientos de miles ciudadanos los cuales elegían a un consejo de 500 ciudadanos que,

____

[13]Ekklesia:era la principal asamblea de la democracia ateniense en la Grecia clásica.

a su vez, elegían a un comité de 50 hombres, los cuales tenía la misión de guiar las propuestas hechas por el consejo.

Como se aprecia, el sistema de la época no concentra el poder en una sola persona, sino que podemos comprobar que el poder estaba en la participación, aunque limitada, de los integrantes de la ciudad Estado.

Como en toda democracia, la ateniense no estuvo exenta de errores en su funcionamiento.

Por nombrar algunos hechos, la democracia ateniense fue restaurada, tras una seguidilla de30 tiranos, la cual fue la directa responsable del juicio contra Sócrates, el cual fue mentor de Platón, la acusación era por haber corrompido a la juventud con enseñanza contra los dioses, aunque una razón más lógica seria por que el filósofo había puesto en ridículo a más de un poderoso.

Como ya podemos ver en párrafos anteriores, para Aristóteles la democracia era una forma de gobierno impura por intentar responder a los intereses de la mayoría, su forma era la menos impura de todas, según el aun cuando su forma de gobernanza fue la más tiránica.

La democracia corría o aun corre el riesgo de desbordarse y caer en una seuda demagogia, que a su vez se podría transformar en tiranía.

Aristóteles rescató la incorporación de intereses económicos sociales, los cuales siempre se encontraron en pugna, lo cual permitía a la democracia y la propuso en forma ideal la Politeia. Sobre esta última se decía "...que no sea más en nada los pobres que los ricos, sino que ambas clases sean semejantes" (Aristóteles, ediciones varias, política).

En nuestro tiempo es poco lo que queda de tal lejana democracia, quizás únicamente la idea que era directa, algo que tampoco es muy claro, pero si se puede decir que su influencia ha sido notoria para nuestra forma de gobernar, pero este tipo de democracia es más reconocida por su legado que por un modelo a imitar.

La democracia moderna tras la experiencia de la democracia griega, fueron pocas las experiencias que vivieron procesos similares tan prolongado y eficaces. Hay que reconocer que por varios siglos existió la política teológica la cual se levantó fuertemente como ruta de guía o brújula sobre el destino de varias generaciones.

Tras siglos de política teológica hubo que esperar nuevos pensadores con nuevos fundamentos para así pasar a pensamientos racionales del renacimiento para que así se formaran gobiernos terrenales.

Lo anteriormente mencionado no significó que nos convirtiéramos en la democracia que conocemos, sino más bien hizo falta varios siglos más para que se encauzara en la democracia de hoy en día.

Durante el siglo XIX la democracia sufrió de transformaciones o una especie de metamorfosis como una forma de contención para los estratos sociales más acomodados, lo cual originó una democracia restringida, pero a medida que las masas obreras hacen más ruido en el escenario político, se distingue que no solo era necesario sino también comprensible la participación e incorporación de estos nuevos y poderosos actores de la sociedad.

La nueva democracia masiva se afianzaba cada vez más en el mundo de la política sus nuevos procedimientos y perspectivas de supervivencia crecían cada vez más.

Cuando esta nueva especie de democracia fue aceptada en el siglo XX, tuvo que sufrir golpes de ideologías totalitarias, los cuales buscaban responsables de las crisis y guerras, estas ideologías eran el Nazismo, el Fascismo y el estalinismo.

Estas ideologías eran fuertemente conservadoras y nacionalistas, las cuales intentaban reivindicar un pasado de orgullo.

Es difícil dar cuenta del rumbo histórico de la democracia, no hay un relato lineal, solo una larga línea de acontecimientos que dan cuenta de la debilidad intrínseca de la participación ciudadana.

Robert Dahl, ha podido sintetizar la moderna democracia en un efectivo y detallado gráfico.

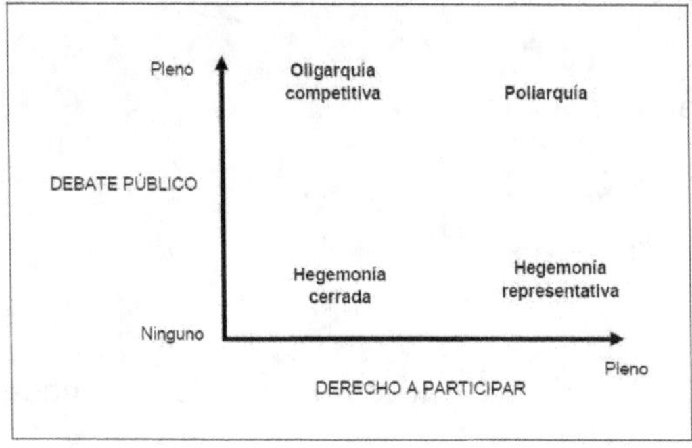

La transformación de la democracia que hoy conocemos se debe a partir de tres caminos históricos que ayudaron a cambiar en distintas medidas la liberación o participación del hombre en política.

1- Una de las primeras naciones en seguir el camino de la democracia moderna son los países anglosajones, que evolucionaron de autoritarismo a democracia restringida para después llegar a la moderna

2- El segundo en seguir este camino fue América latina, y en una menor medida países europeos.

3- Y, por último, un paso directo imposición extrema como fue Alemania y Japón tras la derrota de la II guerra mundial, ¿y los países árabes entraran en esta democracia moderna en este siglo de cambios?

Las poliarquías más comunes conocida en este texto por democracia moderna, se caracteriza por ciertas cualidades específicas, por nombrar algunas:

a) Resolver acuerdos pacíficamente

b) Diversidad social

c) Libertad de expresión (participación, expresión, confesión, etc.)

d) Sistemas de partidos políticos

e) Elecciones periódicas

f) Renovación de liderazgo

g) Respeto a los derechos

h) Diseñar instituciones de acuerdo a las virtudes mencionadas

Las democracias actuales deben respetar en mayor o menor medida, las cualidades mencionadas.

Actualmente, la democracia en la que vivimos goza de un relativo prestigio a nivel mundial, claro que según el politólogo Norberto Bobbio presenta algunas fallas, falsas promesas, falta de centralidad ciudadana, lobby en grupos de interés, falta de participación, asuntos ocultos en los gobiernos de turno y un sistema arbitrario.

Y todas estas fallas a nuestra democracia son provocadas por los vicios como lo son, la tecnocracia que solo sirve la complejización de los asuntos de gobiernos, la burocracia esto debido al crecimiento del Estado y la falla de sus canales de funcionamiento y la resolución de conflicto, escaso rendimiento debido a la lentitud e incapacidad y a la nula respuesta a las demandas sociales.

En otra visión, a partir del economista Joseph Schumpeter, seguido por otros analistas más, la cual hizo abrir una vertiente de análisis económico, la cual afirmaba que el mercado se parecía a la democracia, a los votantes con los compradores, y los políticos con los vendedores.

Schumpeter, tiene otra mirada a la política, puesto que niega la existencia de un bien común y alude a los votantes, racionalmente aludiendo que tienen diversas alternativas como si fuera un mercado.

El mayor problema que existe entre los votantes hasta nuestros días, es la información asimétrica lo que quiere decir no se sabe realmente cual es el plan de gobierno, ni las intenciones del político y que, una vez elegido el candidato, es necesario esperar un largo periodo de tiempo para elegir a otro candidato.

La democracia se fue consolidando en occidente a lo largo del siglo XX, a principio de este siglo en Estados Unidos y Europa del Norte, en la década del 70 principalmente la Europa mediterránea España, Portugal y Turquía. América latina entre los 80 y 90, Europa del este ex soviéticos a partir de los 90.

En la segunda década del siglo XXI vivió lo que se llamó la primavera árabe, con un desenlace aún incierto, pero con esperanza que llegue a un puerto seguro, por el bien de todos los árabes, en particular a las mujeres.

En la literatura politológica hay abundante información sobre la transición a la democracia, esto debido a los pasajes de los gobiernos autoritarios o dictaduras que después se transforman en democracias plenas o semiplenas.

Las fronteras de las transiciones son confusas, se inician cuando se celebran elecciones democráticas y limpias, pero no sabemos cuándo terminan.

Una observación viene de nuestro vecino trasandino politólogo fallecido Guillermo O'Donnell, quien se dio la tarea de observar las distintas democracias de América latina y las denomino con un bajo nivel de institucionalidad, ya que carecía de valores y normas como democracias.

El encontró este bajo nivel, ya que no se encontraba los rasgos predominantes que tenía que tener las [14]poliarquías anteriormente mencionadas.

---

[14]Poliarquías: Gobierno que es ejercido por muchos.

La democracia seguirá variando al avanzar el tiempo y la sociedad, siendo un amplio campo de discusión gracias a la constante tecnología de comunicación, y lo más lamentable, la apatía por participar en lo más sublime lo más hermoso que tiene la política las elecciones periódicas las cuales hay que defender con capa y espada.

CAPÍTULO 8

Partidos Políticos y sistemas Electorales

Los partidos políticos son el vehículo imprescindible para que el ciudadano común y corriente participe en política, y para los políticos es el vehículo para acceder al poder.

El surgimiento de los partidos políticos data de los mediados siglos XIX cuando surgen grupos políticos que nacían en las grandes ciudades del mundo como en Estados Unidos o Europa, en chile los partidos políticos formales no aparecerían ante la luz pública hasta mediados de los 1850, la aparición de un sistema político como tal fue el resultado de la politización que vivía chile por conflicto entre los clerical y anticlerical el conflicto iglesia y Estado causado por la "cuestión del sacristán".

La evolución histórica de las autoridades de turno con los nacientes partidos políticos, no fue tan directa, ni pacífica. Pero tuvieron que tolerar otras expresiones ideológicas políticas y lo segundo, quienes sostenían algún tipo de postura contra el gobierno de turno, debían aceptar las reglas del juego.

Se podría tomar como origen de la conformación de los partidos políticos a la Reform Act de 1832 en Inglaterra, u otros posibles orígenes podrían ser entre los Federalista de Hamilton y Republicanos de Jefferson en Estados Unidos, sin embargo, desde su concepción siempre hubo distintos bandos en conflictos como ejemplo unitarios y federalistas en Argentina, pelucones y pipiolos en Chile.

Entrando en los partidos políticos uno de lo que más destacan es el partido conservador, los cuales cada vez estaban más aislados por representar el pasado, pero para ir modernizando y sobrevivir al tiempo se fueron uniendo o fundiéndose a los partidos liberales, aunque al final abrazaron el nacionalismo cuando se vieron amenazados ante la ola de movimientos obreros provocado por la revolución rusa del proletariado.

Durante el periodo de las guerras mundiales, y ante la desastrosa y nefasta experiencia del nacionalismo japonés, italiano y alemán, los partidos socialdemócratas tomaron mayor relevancia hasta la década del 70 en pleno siglo XX

Con la evolución de la política, los partidos políticos tomaron la lógica de ser como una escoba, es decir buscar capturar la atención de los ciudadanos, con propuestas distantes de los extremos.

Hoy los partidos políticos continúan con la misma lógica atrapando la atención de las personas a través de las nuevas tecnologías de comunicación como los son: Twitter, Facebook, Instagram, entre otras.

Más allá del relato histórico y la naturaleza de los partidos políticos, existe una especie de clasificación que fue realizada, en primera instancia por Maurice Duverger, en la década del 50, y más contemporáneamente por Giovanni Sartori. Existen otros, pero estos son los más relevantes para entender el espectro político de cualquier región o país.

| | SITEMA DUVERGER | SISTEMA SARTORI |
| | CARACTERISTICAS | CARACTERISTICAS |
TIPOS DE SISTEMAS DE PARTIDOS	CLASIFICACION CUANTITATIVA	CLASIFICACION CUANTITATIVA
UN SOLO PARTIDO	UNIPARTIDISTA	UNICO, HEGEMONICO, PREDOMINANTE
DOS PARTIDOS	BIPARTIDISTA	BIPARTIDARIO
MUCHOS PATIDOS	MULTIPARTIDISTA	LIMITADO, EXTREMO O POLARIZADO, ATOMIZADO

Como podemos observar en la siguiente tabla, se clasifica el sistema Duverger según la cantidad de partidos que compiten para acceder el poder.

Por otra parte, el sistema de Sartori, tiene por objetivo hacer más exhaustiva, ya que distingue distintas formas históricas todo esto en relación a los partidos políticos y su polarización esto en causa, a la existencia de tres o más partidos políticos con amplias posibilidades y que representan distintas visiones y opciones de representación dentro del espectro político.

	SISTEMA DUVERGER	SISTEMA SATORI
SITEMA DE PARTIDOS	CARACTERISTICAS	CARACTERISTICAS
UNIPARTIDISMO	EX URSS Y CUBA	EX URSS Y COREA DE NORETE
BIPARTIDISMO	EEUU, INGLATERRA	EEUU, INGLATERRA, HONDURAS URUGUAY
MUTIPARTIDISTA	FRANCIA, ARGENTINA, ALEMANIA, ITALIA	FRANCIA, ARGENTINA, ALEMANIA, ITALIA, CHILE, ENTRE OTROS

1- El sistema de un solo partido o unipartidista, de acuerdo a Sartori, se divide en tres, teniendo en consideración si existiera competencia o no y si rige en una sola ideología o partido oficial, no tolerando otros partidos u oposición.

2- El sistema bipartidista clásico, se caracteriza por un tipo de alternancia en el poder entre dos partidos principales. Por nombrar algunos ejemplos laborista y conservadores en Inglaterra o republicanos y demócratas en Estados Unidos. En este tipo de sistema nombrado, los partidos se inclinan hacia el centro del espectro político y sus propuestas poco se diferencia entre sí de uno del otro.

3- El multipartidismo está entre una competencia bipolar, es decir es una competencia de varios partidos, pero solo dos con posibilidades.

Por ejemplo, la Alemania pre Nazi, esta se caracterizó por un sistema multipartidario de extremos, sumamente polarizado, con partidos anti sistema, anti semitas y promotores de violencia.

El sistema electoral actual chileno es el método D´Hondt, el siguiente sistema es un método matemático para la asignación de [15]escaños el cual permite obtener el número de cargos electos asignados a la candidatura, el cual está de forma proporcional al número de votos recibidos.

Ejemplo en un caso hipotético se eligen cinco cargos políticos (X) y corren tres listas a la elección.

---

[15] Escaño: Asiento que ocupa un político en una de las cámaras parlamentarias.

A) De las 3 listas en competencia en la cual la Lista A obtiene 100 votos, la Lista B obtiene 60 votos y por último la Lista C obtiene 40 votos.

B) Del cual el total de votos obtenidos por cada lista se dividirá por la cantidad de cargos a elegir, es decir por el cargo 1, por el cargo 2, por el cargo 3, por el cargo 4 y por el cargo 5.

C) De los números resultantes de esta división se ordenan en orden decreciente hasta el número de cargos a elegir en cada distrito. En el ejemplo los 5 primeros resultados.

D) El orden final de la sería de cargos:

1er Lugar 100 Votos (Lista A)

2do Lugar 60 Votos (Lista B)

3er Lugar 50Votos (Lista A)

4to Lugar 40Votos (Lista C)

5to Lugar 33Votos (Lista A)

E) Candidatos o candidatas electas:

La Lista A obtendría 3 cargos

La Lista B obtendría 1 cargo

La Lista C obtendría 1 cargo

Aspectos importantes a destacar

a) Ley de cuotas, del total de candidaturas tanto de diputados o senadores inscritos por los Partidos Políticos, tanto como los candidatos hombres como las candidatas mujeres podrán superar el 60%, lo que asegura que, al menos el 40% será de un sexo diferente. Los cuáles serán aplicados en los procesos electorales parlamentarios del 2017,2021 ,2025 y 2029.

b) Aportes por candidatas parlamentarias del 2017,2021 ,2025 y 2029, los partidos políticos recibirán 500 unidades de fomento por cada candidata electa. Además, las candidatas de la Cámara de Senado y a la Cámara de Diputados tendrán derecho a un reembolso adicional de sus gastos electorales de 0,0100 unidades de fomento por cada voto obtenido.

c) Datos generales el Senado, Se eligen 50 Senadores o Senadoras y cada región corresponde a una Circunscripción Senatorial del país.

La Cámara de Diputados se eligen 155 Diputados o Diputadas para los 28 distritos existentes.

CAPÍTULO 9

Los políticos y el proceso de toma de decisión

Es recurrente la imagen que tenemos de los políticos debido al imaginario colectivo social, sobre lo que hacen los políticos sobre todo el proceso de toma de decisión cotidiano que se ven enfrentados.

Esto es debido al concepto que ha trascendido de la política y los políticos, como actividad y profesión, es decir el de una persona que se dedica al buen gobierno.

Los políticos asumen tanta relevancia y la hacen notar dentro de sus propios discursos los cuales están plagados de buenas intenciones y se quedan en sus buenas intenciones, esto demostrado en su actuar en su cargo puesto que es muy distinta a la imagen que proyectaron en sus discursos.

El político y su actividad política, se encuentran más cerca a la realidad planteada por Maquiavelo que la planteada por Platón y Aristóteles que postulaban el buen gobierno.

Hay que recordar que Maquiavelo describía que la política como actividad, tiene el propósito de buscar, ejercer y mantener el poder.

Esto no es nada más debido que la política no es moral, si no que existe su propia moral de la política.

Citando las palabras de Max Weber "Quien busca la salvación del alma, propia y de los demás, no debe buscarla en el camino de la política, porque las diversas tareas de la política solo pueden resolverse con violencia". (Max Weber, ciencia y política, "la política como profesión", ed. varias).

Esto es así porque la carrera política da un sentimiento de poder.

La sensación de ejercer una influencia sobre los hombres, el sentimiento de participar en el poder que se inflige sobre ellos y, sobre todo la conciencia de tener las manos acontecimientos históricos importantes.

Lo que se juega en la actividad política, el poder, la historia, los recursos económicos, la influencia sobre la conducta de los demás.

El Estado es la arena, el lugar donde se solucionan las pujas por el poder más crudo. Aun cuando en el paso del tiempo han cambiado el tipo de enfrentamiento, ya no existiendo o decayendo los enfrentamientos físicos que pongan en juego la vida de los políticos, existe una constante lucha por el poder.

Como ya sabemos la política es una actividad propagada en nuestras vidas y podríamos llegar a decir que todos somos políticos ocasionales y esto quedaría reflejado cuando votamos, opinamos y participamos, sin embargo, existe una clase especial de políticos, y son aquellos que viven para la política, o bien que viven de la política los cuales no hacen honor a su cargo, ya que la política es una distención no menor.

Hay que clasificar a los políticos en dos tipos, como son los que viven para la política. y los que viven de la política.

Los políticos que viven **para** la política tienen, de alguna manera, ingresos o rentas ajenas a la política, y solo utilizan la política para proporcionar una mayor red de contactos e influencias.

Los políticos que viven **de** la política se encuentran dependientes de las variantes de la misma y tienen sus alzas y bajas cuando cambian los gobiernos.

Este último caso de políticos, por lo general, tienen una aspiración que es la del servicio vivir para la política, y en los mejores de los casos, se transforman en solos buenos funcionarios públicos.

El secreto del político es mantenerse en su poder, y no quedar expuesto, sino hacer usos de sus contactos para seguir aferrándose a sus cargos.

Las armas de un político son el discurso, las influencias que puedan ejercer sobre los demás y los medios de comunicación y redes sociales. Sus enemigos son la falta de gestión, control y de carisma.

Es por lo mismo, que existen corrientes intelectuales que insisten en la necesidad de fortalecer las instituciones o entidades con normas, objetivos y valores que ponen freno a las ambiciones personales de quienes viven de ejercer el poder.

Los políticos que aspiren a vivir para la política deben de asegurarse de cuatro virtudes, influencia, pragmatismo, ingresos sustanciosos, y bajas restricciones presupuestarias.

CAPÍTULO 10

La Política

La política es una actividad de servicio cuyo principal objetivo es resolver las diferencias pacíficamente y razonablemente entre las personas y grupos humanos en sociedad. De una forma más precisa, la política es una forma particular de afrontar los conflictos, los cuales deben de resolverse democráticamente. Hay muchos ámbitos de nuestras vidas en los que los políticos no actúan, pero ¿cuáles son estos ámbitos? son todos aquellos en los que la lógica no es democrática.

La política solo tiene sentido porque los seres humanos vivimos en comunidad, en un mismo espacio donde la interacción no se deja someter a ninguna norma que no sea la de la discusión libre, y los proyectos sociales tienen diversos objetivos de alcanzar acuerdos que hagan posible la coexistencia de diversos pensamientos y conflictos. La política no puede pretender eliminar los conflictos sociales, pero si hacerlo más habitable.

Una definición del conflicto social, más aceptada es la que ofrece el sociólogo Lewis Coser, citándolo "lucha por los valores y el poder o los recursos escasos, en el curso de la cual los oponentes desean neutralizar o eliminar a sus rivales a toda costa". La anterior cita es de una característica dura, puesto que dice y parafraseándolo habla de hacer daño o incluso de eliminar a los rivales. Es una definición que, en la práctica, es una afirmación no sólo sobre la situación, sino sobre la forma en que inevitablemente acabaran resolviéndolo, mediante la eliminación.

Tal vez sea la mejor definición, al modo en que se asemeja más a nuestra realidad, a la forma que normalmente vivimos o pensamos. El conflicto es una situación penosa, en la que el enfrentamiento es inevitable, donde hay mucho más en juego más que la victoria o la derrota, puesto que lo que gane solo puede proceder de la pérdida del otro, sin embargo, es esta la única definición de conflicto más acertada que podemos llegar encontrar en la literatura sociológica.

Max weber postula otra definición no menos clásica que la de Lewis Coser, la cual él dice caracteriza el conflicto como aquella acción que intencionalmente está orientada a la realización de la voluntad del actor principal contra la resistencia de la otra parte o de más partes que podrían existir, sin modificar sustancialmente el fondo de la anterior definición, dos o más partes enfrentadas, las cuales se trata de una caracterización que no prejuzga sobre el resultado del conflicto, y es por este mismo motivo que resulta más suave, si bien sabemos o podemos suponer que en la mayoría de las situaciones será casi imposible realizar pacíficamente la voluntad de una de las partes en cuestión sobre la otra parte que existe.

Anthony Giddens es el reconocido autor del manual de sociología en el cual el describe la siguiente definición de conflicto, "antagonismo entre los diversos individuos de la sociedad". Esta definición a primera vista parece muy simple, es una definición autorreferencial que, por consiguiente, no define nada.

Sin embargo, es esta misma simplicidad es la que confiere, interés a la definición propuesta por Giddens, ¿hay conflicto cuando y por qué? Existe el conflicto cuando existe antagonista en pleno centro del sistema, y es este antagonista que es diferente a toda realidad social compleja.

Lo importante no es la existencia del conflicto, puesto que el conflicto está siempre en nuestras vidas está en nuestra realidad social, es la perspectiva del conflicto en la que desarrollamos la definición, es la aproximación que hacemos para entenderlo.

Si podemos concebir la situación del conflicto en un tipo de intromisión que afecta nuestra estabilidad social, que genera rupturas de nuestra normalidad o amenaza al orden, nuestra primera reacción como seres humanos será de negarla, ocultarla o definitivamente eliminarla.

Identificamos el conflicto como agresión, a tal punto que buscamos y buscaremos causas y causantes, y sobre todo los supuestos responsables de estos conflictos, de los cuales siempre serán otros los causantes nunca nosotros mismos. Entonces pretendemos neutralizar, dañar o eliminar a nuestros rivales como que nunca existieron, a los cuales señalaremos y descalificaremos como enemigos públicos, cuando en realidad no son otra cosa como antagonistas, compañeros, ciudadanos de una misma historia, convecinos de una misma lengua, de una misma historia, raza de habitantes de una misma realidad compleja.

El poder político es una consecuencia del ejercicio de las funciones por parte de las personas que ocupan un cargo representativo y popular dentro de un sistema político de un país.

El poder político es un sistema democrático con división de poderes dentro de un país, como lo son el ejecutivo y el legislativo, mientras que el tercer poder es el judicial, está dentro de un sistema distinto ya que su legitimidad no es avalada por el voto como los otros poderes mencionados, si no por el fiel cumplimiento de sus funciones y convicciones.

El poder político debe de ser legitimado cuando es elegido conforme a las leyes de un país a través de su constitución. En los países democráticos tiene como sustento la legitimidad otorgada por su propio pueblo por medio del voto popular a través de elecciones periódicas.

El poder político es abusivo cuando sus líderes exceden el ejercicio de sus funciones, cuando en materias dentro del ámbito de los otros poderes. El poder político es ilegitimo cuando se utilizan métodos o mecanismos no autorizados por la ley y se adueñan y atribuyen poder gubernamental, sin tener la legitimidad del voto popular.

CAPÍTULO 11

Organización de los poderes

Para comenzar ¿Qué es el poder? Se entiende por poder la facultad de mando y ser obedecido, pero en el ámbito de la política es la actividad del Estado. El cual cambia su definición a poder público como la capacidad que posee el Estado para obligar a alguien a realizar un acto determinado.

El poder público es algo fundamental para el funcionamiento de un país y para las personas que lo habitan, porque son estas mismas personas que conviven en el mismo espacio físico. Es por este motivo que se requiere un orden y establecimiento de reglas que permitan la sana convivencia humana, la cual se traduce en el ejercicio del poder.

En toda sociedad se conforman grupos, los cuales crean un centro de poder el cual se diversifica en diversas direcciones como lo son: religión, economía, cultura e incluso la moda. La sociedad se podría ver como una constelación de poderes, pero todos estos poderes anteriormente nombrados se concentran en una sola organización, la cual permite la armonía que fluya en los distintos estratos de la sociedad, la cual produce la integración del poder político en uno solo.

El poder nace como una necesidad de asegurar la convivencia humana, por lo tanto, si no existiera el orden y autoridad, la cual se distribuye lo más equitativamente posible, la cual haría imposible la posibilidad de convivir y de interactuar en una sociedad capaz de alcanzar la categoría de Estado.

En general, el poder público se suele de utilizar en una forma plural "poderes públicos", el cual se utiliza así por su significado de conjunto de órganos e instituciones gubernamentales. Estas instituciones se agrupan en tres diferentes poderes como son: el legislativo, ejecutivo y judicial.

Separación de poderes, esta teoría de la separación fue común entre diversos pensadores del siglo XVIII, la cual fue enunciada durante la época de la ilustración, algunos de sus representantes son: Alexander Hamilton, John Locke, Jean-Jacques Rousseau y Montesquieu. Estos grandes ilustradores tenían diferentes matices.

Según la visión de la ilustración, el Estado existe con el único propósito de proteger al hombre de otros hombres. El hombre por su seguridad es capaz de sacrificar una completa libertad por la seguridad de no ser afectados en el derecho a la vida, la integridad, la libertad y a la propiedad privada. Es por este modo que se le otorga legitimidad al poder público y a sus respectivas instituciones.

Sin embargo, en ciertas ocasiones el hombre se encuentra ya protegido de sus semejantes, pero no del propio Estado, el cual en ocasiones puntuales podría oprimirlos, mediante las facultades que le otorga el mismo pueblo.

En la formulación clásica, el Estado se considera el protector de los ciudadanos, abalado por las leyes creadas por el poder legislativo, pero quien las ponía en práctica es el poder ejecutivo con la finalidad de resolver conflictos. Pero la administración gubernamental que está a cargo de fiscalizar o de cumplir las leyes es el poder judicial, el cual tiene por funcionamiento el antiguo régimen monopolizador en una sola entidad monárquica absolutista a la cual se le otorga la práctica del despotismo.

Se le denomina poder legislativo a una de las tres facultades primordiales que tiene el Estado, junto con el poder ejecutivo y el judicial. El poder legislativo tiene por función en la aprobación de normas con rango de ley.

El poder del Estado se divide en tres ramas tradicionales:

En una democracia estable, el poder legislativo elabora y modifica las leyes existentes de acuerdo con la impresión y opinión de los ciudadanos. Su función específica es la de aprobación de leyes y está a cargo de un cuerpo deliberativo que puede ser el congreso, parlamento o cámara de representantes.

El poder ejecutivo tiene por facultades y funciones primordiales del Estado, consiste en dictar y hacer cumplir las leyes que suele aprobar el gobierno o el propio jefe de Estado.

En la rama de la ciencia política y el derecho constitucional, el ejecutivo es la más alta rama del Estado, responsable de la gestión diaria del gobierno. En muchos países se utiliza la palabra gobierno para referirse al poder ejecutivo, pero esto suele ser confuso en un contexto internacional.

Según la teoría de la separación de poderes, es el poder legislativo el encargado de redactar las leyes, en cambio es tarea del poder ejecutivo de interpretar y normalizar las leyes, y hacerla cumplir es tare única del poder judicial.

Todo lo anterior mente mencionado de la separación de poderes es lo que se lleva a cabo solo en papel, porque en la práctica esta separación de poderes no suele ser absoluta, ya que el jefe de gobierno es la figura más visible del Estado.

El poder judicial es aquel poder dentro del Estado, el cual es el encargado de administrar la justicia en la sociedad, mediante la aplicación de normas jurídicas, en la resolución de conflictos.

El poder en si toma diverso sentido o definición según el poder público, se entiende por organización, institución o conjunto de órganos estatales, que en el caso del poder judicial son órdenes judiciales o jurisdiccionales los cuales se dividen entre juzgados y tribunales, los cuales suelen gozar de imparcialidad y autonomía.

Para poder prevenir que una de las ramas del poder se convertirá en suprema, y para incluirla para cooperar, los sistemas gubernamentales que se emplean en la separación de poderes se crean típicamente con un sistema llamado checks and balances en español control y contrapesos que se refiere a varias reglas de procedimiento que permite a una de las ramas limita a otra.

El poder público constituye una capacidad jurídica legitima ante la ley y ante las personas, los cuales poseen los tres poderes políticos para poder ejercer en forma eficaz. Mediante las acciones y cometidos que son conferidos por la constitución.

Es un mecanismo destinado a impedir la concentración del poder en una misma autoridad. Al dividir el poder en distintos órganos, cada uno de ellos controla que los otros no concentren más atribuciones que las que el derecho establece. Por eso se dice que "el poder frena al poder".

Las constituciones generalmente distinguen tres poderes:

1) Legislativo: poder encargado de la creación, modificación y derogar las leyes.

2) Ejecutivo: es el poder encargado de ejecutar y de hacer cumplir la ley. Su función principal es conducir políticamente al país y administrar bienes y servicios.

3) Judicial: es el poder encargado de resolver conflictos jurídicos entre particulares y el Estado y aplicando el derecho al caso concreto.

Todas las constituciones chilenas han reconocido una división de poderes. Para hacer efectiva la separación de poderes, toda constitución debe establecer al menos.

Quien está a cargo de cada poder y como son los elegidos las autoridades la Constitución actual establece que el gobierno y la administración corresponden al presidente de la República, quien será elegido por sufragio universal por la mayoría absoluta de los sufragios válidamente emitidos.

Las competencias y atributos de las autoridades el artículo 24 de la Constitución establece que la autoridad del presidente se extiende a todo cuanto tiene por objeto la conservación del orden público en el interior y la seguridad externa de la República. Para tal fin cuenta con las atribuciones especiales que le confiere el artículo 32 de la Constitución, por ejemplo, nombrar a los ministros de Estado, o declarar los Estados de excepción constitucional o preparar proyectos de ley. Por su parte la Constitución confiere al Congreso Nacional la facultad para dictar leyes (artículo 63 de la Constitución), y a los tribunales la de impartir justicia (artículo 76 de la Constitución).

Forma en que las autoridades ejercen sus atribuciones el presidente de la República tiene que actuar a través de decretos supremos, el Congreso a través de leyes y los tribunales mediante sentencias.

En consecuencia, de todo lo anterior es que, como la constitución establece las atribuciones de cada poder u órgano del Estado, ninguno puede ejercer las funciones que le corresponden a los otros.

Dicho esto, es importante aclarar que la separación de poderes no es absoluta. Existe una tendencia mundial a que la función legislativa esté siendo compartida por los Congresos con los poderes ejecutivos. En muchos sistemas constitucionales los poderes ejecutivos también pueden presentar proyectos de ley. En cualquier caso, lo fundamental es que estas atribuciones compartidas estén reguladas en la Constitución.

Como ocurre en otros países, el presidente tiene algunas facultades legislativas, como presentar proyectos de ley, establecer urgencias durante su tramitación en el Congreso o vetar un proyecto aprobado por el Congreso. Y desde la reforma constitucional de 1943 a la Constitución de 1925, sólo el presidente puede presentar proyectos de ley que impliquen gastos por parte del Estado, facultad que también está contemplada en la Constitución de 1980.

En la relación a la distribución de los poderes, una constitución también debe regular la estructura territorial del poder. La constitución debe definir si el país será un Estado unitario (un poder ejecutivo, legislativo y judicial para todo el territorio) o un Estado federal (un poder ejecutivo, legislativo y judicial en cada región más un poder ejecutivo, legislativo y judicial central encargado de los temas comunes a todo el país).

CAPÍTULO 12

Derechos fundamentales

Los derechos fundamentales surgieron en el constitucionalismo bajo la premisa de que existen derechos inherentes a nuestra naturaleza humana. Se trata de facultades que cada uno como persona tiene por el sólo hecho de ser humano.

Las constituciones no crean estos derechos, sino que los reconocen, facilitando así su protección legal y judicial. Ejemplo: todos tenemos derecho a la integridad física por el hecho de ser seres humanos, no porque la constitución cree el derecho. Sin embargo, la constitución crea mecanismos para que los tribunales de justicia protejan a las personas frente a vulneraciones a mi integridad por parte del Estado o de particulares.

Generalmente, los derechos se clasifican en dos grandes grupos:

a) Derechos clásicos
b) Derechos sociales

Los derechos clásicos encierran los diversos derechos como son: libertad, civiles y políticos. Los cuales dieron origen al constitucionalismo. Se trata de facultades que, fundamentalmente, obligan al Estado a abstenerse de interferir en ellos. Suponen ámbitos de inmunidad, barreras de protección frente al poder del Estado, que pueden ser protegidas por los tribunales en caso de vulneración.

El derecho a la vida implica que el Estado no puede privarme de la vida. La libertad de conciencia implica que el Estado no me puede impedir manifestar mis creencias. También incluyen derechos que permiten mi participación en la vida pública: libertad de expresión, de asociación, de reunión, derecho al sufragio.

Entre estos derechos clásicos se incluyen dos que constituyen garantías de los otros derechos: Igualdad ante la ley y debido proceso jurídico. La igualdad ante la ley supone que el Estado no puede introducir diferencias arbitrarias o caprichosas. El debido proceso es un conjunto de garantías que asegura que nadie puede ser privado o limitado en sus derechos sino en el marco de un procedimiento judicial, observando ciertas reglas como el derecho a la defensa, a contar con asistencia jurídica, presunción de inocencia, imparcialidad de quien juzga, etc.

Las primeras constituciones solo reconocían derechos clásicos. Los derechos de libertad pueden ser alegados ante un juez, aunque solo estén reconocidos en la constitución y no existan leyes que los desarrollen en detalle.

Los derechos sociales Son un conjunto de facultades, de principios y de criterios programáticos en materia de política social, cuya finalidad es lograr mejorar las condiciones materiales de vida de las personas y una mayor igualdad material.

Por regla general, estos derechos solo se incorporan a las constituciones a comienzos del siglo XX. Algunos constituyen ámbitos de inmunidad y de protección en materia social, como los derechos colectivos laborales (sindicación, negociación colectiva y huelga) y el derecho a un medio ambiente libre de contaminación. Como los derechos clásicos, en principio estos derechos pueden ser protegidos por los tribunales a partir de su solo reconocimiento constitucional.

Otros derechos sociales consisten en prestaciones a cargo del Estado, como por ejemplo derecho a la salud, derecho a la educación, derecho a la seguridad social, derecho a la vivienda. La concreción de estos últimos requiere de la correspondiente asignación de recursos económicos por parte del legislador, lo que permitirá su eventual protección judicial.

La Constitución de 1980 reconoce algunos derechos sociales tales como el derecho a la salud, a la educación o a la seguridad social, pero dejándole a la ley su mayor desarrollo e implementación. Por ejemplo, la regulación de las ISAPRES, de las AFP o el monto de las cotizaciones de seguridad social, no aparecen en la Constitución, sino en distintas leyes específicas que pueden ser modificadas por el Congreso.

Si bien no puedo acudir al juez para exigir, por ejemplo, la cobertura de un tratamiento específico invocando mi derecho a la salud, sí puedo exigir que no me discriminen en la manera que se aplican las políticas públicas en materias de salud. Ejemplo: El ejecutivo no puede proponer una política pública que arbitrariamente excluya un tratamiento para un grupo de personas.

CAPÍTULO 13

Sistema político chileno

El régimen político o sistema político de un Estado, que involucra la forma de gobierno de un país, como la organización de los poderes públicos y sus interrelaciones, las estructuras socioeconómicas, las tradiciones, las costumbres y fuerzas políticas que impulsan el trabajo de las instituciones.

La clasificación más conocida de los regímenes políticos distingue entre:

a) Régimen autocrático el cual, en términos generales, son aquellos regímenes donde los gobernantes deben comportarse según las reglas las cuales. Se dividen en:

Régimen totalitario: Los gobernantes totalitarios pueden participar en el proceso político a través de un solo canal, el cual está orientado por una ideología totalizante que controla y regula todos los aspectos de la vida de las personas. No se admiten ni toleran minorías discrepantes al decreto establecido. El partido político ideal de gobierno desarrolla la instrucción y la difusión que da sustento permanente al régimen determinado.

El régimen autoritario existe un pluralismo político limitado y no responsable. No existe una ideología elaborada que lo guíe como el totalitarismo, sino que existen mentalidades distintas, que más bien defienden y justifican la estructura política existente sustentada por las costumbres y la tradición. Estos regímenes se caracterizan como un conjunto que resuelve los problemas públicos sin preguntar al pueblo. De tal modo este grupo busca la desmovilización de los miembros de la sociedad civil fomentando la apatía política, hasta donde no les sea contrario a sus intereses. En la mayoría de los casos estos regímenes son radicalmente transitorios ya que dependen de un líder carismático fundador, desaparecido el líder pueden proceder a un régimen democrático o a uno totalitario.

b) Regímenes democráticos: los regímenes democráticos se caracterizan por la división del poder político en distintos órganos. Las autoridades son elegidas en elecciones libres, competitivas y transparentes, la tarea política de la oposición es aceptada e incentivada, existe un respeto y garantía por los derechos de las personas y en general priman los títulos, principios y atributos de la libertad. El sistema político de chile establecido por la constitución actual establece que somos un sistema político republicano, democrático y representativo, con un gobierno de tipo presidencialista o presidencial, es una forma de gobierno en la que, el Estado está dividido en tres poderes independientes como son ejecutivo, legislativo y judicial.

A la cabeza del gobierno se encuentra el poder ejecutivo, el presidente de la república, el cual es elegido por sufragio popular y directo por todos los ciudadanos habilitados para sufragar (mayores de 18 años y que no cumplan penas aflictivas), por periodos de cuatro años y sin derecho a reelección inmediata.

El poder legislativo reside en el congreso nacional, el cual se encuentra su infraestructura en la ciudad de Valparaíso en la V región. El congreso tiene las atribuciones de fiscalizadora y colegisladora, el cual también es bicameral con dos cámaras como son: la de senadores con 38 miembros y diputados con 120 miembros.

El poder judicial es una parte independiente y autónoma del gobierno que tiene la responsabilidad de la administración de justicia. El tribunal superior de este poder, es la Corte Suprema, integrada por 21 miembros, uno de los cuales es elegido por el presidente cada tres años.

Con todo lo anteriormente mencionado se comienza a dibujar los primeros trazos del sistema institucional que nos permite convivir y tomar decisiones.

Chile es una democracia, un Estado de derecho, tenemos una economía de mercado. Los valores de nuestro modelo de armonía son el apoyo, al pluralismo político y respeto a los derechos fundamentales y a las libertades públicas.

La carta fundamental más conocida como constitución protege los derechos de las personas y establece unos principios para orientar las actuaciones de los poderes públicos.

Se destacan algunos rasgos de este marco constitucional:

a) Derecho a la igualdad, no discriminación, libertad de ideología, religiosa, expresión, reunión, manifestación, asociación, partidos políticos, sindicatos y huelga.

b) Propiedad privada.

c) Impulsar la participación pública a través de representantes y en algunos casos en forma directa.

d) Prestar atención a la educación, sanidad, social. Se hace referencia al trabajo y a la vivienda. Considerando a los consumidores, a las familias. Valoración a la ciencia, cultura, patrimonio y medio ambiente.

e) Los derechos se complementan con deberes para todos, respetar la legalidad, los derechos de los demás.

f) La soberanía corresponde al gobierno chileno y consiguientemente al pueblo, es decir que, es decir, a todos los chilenos, de él deriva los poderes del Estado: ejecutivo, legislativo, judicial.

g) Establece la unidad del Estado y la autonomía de las regiones

h) Instituciones comunes para todos

i) 16 regiones autónomas.

Como otros Estados, Chile ha crecido en las competencias económica y en las políticas internacionales.

CAPÍTULO 14

Política exterior y relaciones económicas

La política exterior de chile, está fijada por el presidente de la república, el cual tiene el objetivo de principios de actuación internacional y los intereses de chile en el mundo.

Estos elementos hacen posible las políticas, lineamientos y acciones concretas, cuya implementación cae en la responsabilidad en el ministerio de relaciones exteriores.

El desarrollo de Chile depende fundamentalmente del comercio exterior y la política exterior. A medida que pasa el tiempo nuestras relaciones internacionales toman más fuerza, el cual es un medio para favorecer la internacionalización de nuestra economía, fortalecer la promoción comercial y fomentar el desarrollo económico y social nacional.

La política exterior tiene el objetivo de buscar formas de proyectarnos a los principales mercados comerciales del mundo y potenciar tanto la diversificación como el crecimiento de nuestras exportaciones a través de la negociación, implementación y administración de acuerdos comerciales, del desarrollo y promoción de las exportaciones de bienes y servicios, para poder captar atracción de inversiones, y, la participación de Chile en foros y organismos económicos internacionales.

Los principios de la política exterior chilena, son los principales lineamientos fundamentales que sustentan y dan relación a las decisiones que adopta Chile en causas de relaciones exteriores. Son las orientaciones de superior jerarquía que guían nuestro manejo exterior.

1) Derecho internacional: hay diversas normas fundamentales que definen y estructuran el orden jurídico internacional, y promueven las relaciones bilaterales pacíficas entre los diversos Estados, Chile asigna especial importancia a los siguientes derechos:

    a) vigencia de los tratados: La estabilidad internacional y la coexistencia pacífica de los Estados constituyen condiciones indispensables para el desarrollo de las naciones. El respeto a los compromisos adquiridos es, en este sentido, un principio esencial de nuestra sociedad. Es por ello que, en el ámbito mundial, Chile atribuye valor fundamental a los tratados como origen necesario para promover relaciones internacionales pacíficas, la seguridad jurídica y la cooperación entre Estados mediante reglas claras y estables.

    b) Soluciones pacifica de las controversias: A través de este principio reiteramos nuestro apego a la prohibición de la amenaza o del uso de la fuerza en las relaciones internacionales que sea contrario a los principios establecidos en la Carta de Naciones Unidas, asimismo como nuestro convencimiento de que la diplomacia y el derecho constituyen los únicos medios legítimos para la solución de las controversias internacionales. Chile, como integrante precursor de la Organización de las Naciones Unidas (ONU), asigna un valor esencial a la estricta aplicación de sus principios, apoyando todas las iniciativas tendientes a alcanzar soluciones pacíficas en materia de conflictos internacionales.

c) Independencia y respeto a la soberanía: Chile otorga particular importancia al principio de igualdad soberana de los Estados como norma esencial para el respeto y la coexistencia pacífica de la sociedad internacional. Por ello, nuestra nación es contrario a la intervención de una o más naciones en los asuntos internos de otra nación y cree que exclusivamente el derecho internacional puede establecer exigencias y limitaciones sobre ellos. La autodeterminación política y económica de los Estados y la integridad geográfico son valores fundamentales en tal sentido. Reconociendo al mismo tiempo la evolución del derecho internacional en temas como los derechos humanos, compartimos la concepción de que las acciones humanitarias para casos calificados, autorizadas en el cuadro multilateral de las Naciones Unidas, pueden emplearse ante situaciones graves y de riesgo para la población.

d) Integridad territorial: La preservación de la integridad de su territorio y a su independencia política es fundamental para Chile y es asegurado a través de la diplomacia y de las herramientas que ofrece el derecho internacional. La característica del espacio chileno, que incluye los espacios marítimos, los aéreos y el Territorio Chileno Antártico, conlleva importantes exigencias y responsabilidades para nuestro país.

2) Democracia y respeto a los derechos humanos: La democracia es el sistema político que constituye el marco apropiado para el pleno respeto de los derechos esenciales de todo ser humano. Los valores de la tolerancia, diálogo, igualdad de oportunidades, inclusión y cohesión sociales, también como el ejercicio pleno de las libertades fundamentales, se encuentran mejor garantizados en un contexto donde impere el Estado de derecho y donde las políticas públicas actúen efectivamente. Chile aprecia que los derechos de las personas, en cuanto atributo inalienable de todo ser humano, sean observados en toda circunstancia, tiempo y lugar.

De allí nuestra adhesión a los instrumentos y mecanismos internacionales de amparo a los derechos humanos, los cuales deben ser complementarios a los sistemas nacionales y ejercerse cuando los medios locales no existan o, existiendo, no sean eficaces.

3) Responsabilidad de cooperar: Los actores estatales y no estatales interactúan en la vida internacional con una intensidad hasta ahora desconocida. Este cuadro genera importantes oportunidades de colaboración entre los Estados y de éstos con otros sujetos internacionales para encarar mancomunadamente y con herramientas cada vez más eficaces los nuevos desafíos y amenazas internacionales. Así, el cambio climático, las epidemias, la seguridad alimentaria, la degradación del medio ambiente, los conflictos étnicos, las dificultades humanitarias, el crimen organizado transnacional, el tráfico de personas,

entre otras, exigen una acción conjunta. Una aproximación cooperativa con una mirada amplia resulta fundamental a la hora de abordar los riesgos de alcance global. Por ello, Chile tiene el firme compromiso de cooperar, a través de sus recursos técnicos y humanos, en todos los foros multilaterales, universales, regionales, subregionales y bilaterales, para cooperar a la solución de estos problemas.

Economía exterior, Chile se enorgullece de tener un modelo económico abierto y estable que favorece el comercio y la inversión, que es respetado y elogiado en el mundo.

En los últimos diez años ha desarrollado una progresiva red de acuerdos comerciales con Bolivia, Brunéi, Canadá, Centroamérica, China, Colombia, Corea del Sur, Cuba, Ecuador, Estados Unidos, India, Islandia, Liechtenstein, MERCOSUR, México, Noruega, Nueva Zelanda, Panamá, Perú, Singapur, Suiza, Unión Europea y Venezuela.

Conjuntamente, en marzo del 2007, Chile firmó un Tratado de Libre Comercio con Japón. Más del 76% de los envíos chilenos se dirigen a estos mercados, los que representan el 87% del PIB mundial.

Los tratados de libre comercio unidos a los acuerdos comerciales firmados con la generalidad de los países de Latinoamérica, permiten a Chile acceder de forma privilegiada a un mercado de 3.800 millones de habitantes en el mundo, lo que convierte al país en un puente original entre América Latina y Asia Pacífico.

CAPÍTULO 15

Política comparada

La política comparada es una subrama de la ciencia política, caracterizada por una aproximación basada en el método comparativo.

La política comparada es una metodología enfocada en el cómo, pero no especifica el qué del análisis. La política comparada no está definida por el objetivo que estudia, sino más bien por el método que aplica al estudio de los fenómenos políticos, cuando estos se aplican a campos específicos de estudios de política.

La política comparada puede ser conocida por otros nombres, como por ejemplo gobierno comparativo el cual es el estudio comparativo de formas de gobiernos, o política exterior de distintos Estados para establecer conexiones empíricas generales entre las características del Estado y las características de su política exterior.

El método comparativo es un método emperico, estadístico y el estudio de caso. El presente método es uno de los métodos científicos fundamentales que puede ser usado para probar validez empírica generales, esto es, para establecer relaciones empíricas entre dos o más variables mientras las otras variables se mantienen constante en el tiempo.

El método comparativo es generalmente usado cuando ni el método experimental ni el estadístico puede ser utilizado, en ciertas ocasiones muy raras o extraordinariamente se conducen experimento en ciencia política, por otra parte, el método estadístico implica manipulación matemática en los casos cuantitativo sobre una gran cantidad de números de casos, mientras que la investigación política tiene que ser analizada o verla de manera cualitativa en los números de casos recolectados.

La aproximación de los estudios de los casos no puede ser utilizados ni considerado un método científico de acuerdo a la afirmación anterior, sin embargo, puede ser utilizado para poder ganar información sobre casos singulares, los mismos que pueden ser utilizados en comparación de acuerdo al método comparativo.

Estrategias comparativas, hay varias estrategias, todas diferentes las cuales pueden ser usadas en la investigación comparativa.

A) El método de la semejanza de mil: tal método consiste en comparar varios casos similares, los cuales solo se diferencien en la variable dependiente, en teoría asumiendo que esto hará más fácil encontrar aquellas variables independientes que pueden ser explicadas en la presencia o en la ausencia de la variable dependiente.

B) El método de la diferencia de mil: similar al anterior método consiste en comparar varios casos diferentes, todos los cuales tienen en común la misma variable dependiente, por lo que cualquier otra circunstancia que esté presente en todos los casos pueden ser considerado como la variable independiente.

CAPÍTULO 16

La economía en la política

La expresión economía política fue introducida por primera vez por el economista francés Antoine de Montchrestein en el año 1615, el cual utilizo este término para referirse al estudio de las relaciones de producción, especialmente entre las clases principales de la sociedad burguesa o proletariado. La teoría de fisiocracia, en la cual se postula que la tierra era el origen de toda la riqueza.

Adam Smith reconocido economista y uno de los mayores exponentes de la economía clásica, dentro del término economía política propuso la teoría del valor del trabajo, según la cual el trabajo es la fuente real del valor. La cual fue desmentida por Carl Menger al establecer la teoría del valor sujeto.

Hacia el final del siglo XIX, la economía política fue abandonada por el termino general economía, usado por quienes buscaban abandonar la visión clasista de la sociedad, reemplazándola por el enfoque matemático, los estudios de economía actuales, y que conciben el valor originado en la utilidad que el bien generaba le individuo.

Actualmente, el termino economía política se sigue utilizando para referirse a estudios interdisciplinarios que se apoyan en la economía, la sociología, la antropología, el derecho y la ciencia política las cuales utilizan el termino para entender como las instituciones y los entornos políticos influyen sobre la conducta de los mercados.

Dentro de la ciencia política, la economía se refiere principalmente a las teorías liberales, marxistas o de otro tipo que estudian las relaciones de la economía y el poder político dentro del Estado.

La economía política internacional es en cambio, una rama de la economía a la que le concierne el comercio exterior, las finanzas internacionales y las políticas gubernamentales que afectan el intercambio internacional entre las naciones, como las políticas monetarias y fiscales.

La economía política estudia las relaciones que los individuos establecen entre si para organizar la producción colectiva, especialmente aquellas relaciones que se establecen entre los dueños de los medios de producción y los trabajadores.

La economía del valor subjetivo se enfoca en los precios y ve la producción y el consumo de las personas como efectos de estos, en cambio, la economía política ve la actividad económica como el resultado de las necesidades de supervivencia del ser humano, conformada en una comunidad y a sus determinaciones legales, tecnocientíficas y culturales.

La división entre el valor de uso y valor de cambio, el cual se hace distención establecida con claridad por Karl Mark en el Capital, en el cual establece una separación entre lo que hoy es conocido como valor y precio, desde la perspectiva de la total identificación del valor con el precio en las escuelas del valor subjetivo.

El intercambio privado se produce en el mercado y está basada en un marco legal que valida la propiedad privada. Este sector se denomina sector privado.

Cuando el gobierno interviene en la economía de mercado, a través de políticas o de intercambios directos, se denomina sector público.

Los fisiócratas consideraban que la única actividad económica es la producción agrícola o de materias primas.

CAPÍTULO 17

Administración

La administración se puede definir con la siguiente cita "el esfuerzo coordinado de un grupo social para obtener un fin con la mayor eficiencia y el menor esfuerzo posible" (Münch Galindo & García Martínez, 1990), la presente cita quiere decir que un grupo de personas puede equilibrar una serie de actividades mediante un proceso administrativo para poder llegar a un fin en común.

Hay una serie de reglas que hay que seguir en la administración como son: planificar la cual hay que diseñar un plan de acción para el futuro, organización su función es brindar y movilizar los recursos disponibles para poner en marcha nuestro plan, dirigir es seleccionar y evaluar a los empleados con el propósito de lograr el mejor trabajo para alcanzar lo planificado, coordinar es la integración de los esfuerzos y aseguramiento de que se comparta la información y se resuelvan los problemas, controlar es garantizar que las cosas ocurran de acuerdo con lo planificado y ejecución de las acciones correctivas necesarios de las desviaciones encontradas.

La administración constituye una tarea esencial en una sociedad pluralista que se basa en el esfuerzo de la persona a través de las organizaciones, La tarea básica de la administración es hacer las cosas a través de las personas, con los mejores resultados, en cualquier ejemplo de organización humana se busca la eficiencia y la eficacia.

La administración es el conjunto de soluciones que permite a la ciudadanía y a las empresas lograr relacionarse con la administración pública a través de medios electrónicos.

Podría asimilarse a la creación de una ventana virtual, única que permite la prestación de servicio públicos por partes de los administradores a la ciudadanía y a las empresas.

Las personas, al relacionarse con la administración a través de estos medios electrónicos, percibirá una mayor transparencia y control sobre el Estado de tramitación de cualquier procedimiento por el iniciado. Advertirá, sin duda, una mejora sustancial en la claridad del servicio que la administración le presta.

Para la administración, esta nueva forma de relación y de prestación de servicios, los cuales suponen publicar de forma electrónica la información de interés para la ciudadanía y facilitar la trasmisión electrónica de los actos de la administración que las personas hacen de forma presencial.

Es preciso destacar que el desarrollo de este nuevo modo de relación con la administración no sustituye la actual en el que las personas realizan diversos trámites presenciales, es, por lo tanto, la decisión de cada persona la elección del modo de relación con la administración.

Hoy nos encontramos en un contexto de modernización de los servicios prestados para la sociedad, en que la ciudadanía y las empresas demandan la necesidad de un nuevo modelo de relación con la administración pública.

Por lo tanto, la administración pública debe adaptarse al contexto para poder prestar los servicios que demandan las personas y la personas en general. En este ámbito de la administración electrónica, los principales factores que influyen y fomentan las iniciativas de modernización como son:

- La evolución de nuevo derecho de las personas y deberes por partes de la personas y deberes por partes de la administración pública.

- Cambios en los enfoques de actuación de la administración pública.

- Cambios socioeconómicos.

- Nuevas posibilidades de las tecnologías de la información y las comunicaciones en el ámbito de la gestión pública.

Las ventajas de la nueva administración electrónica son múltiples y ofrecen beneficios tanto para la ciudadanía como para las empresas, como a la propia administración.

Son las siguientes:

a) Disponibilidad: interactuar y realizar trámites administrativos las 24 horas del día. No es necesario adaptarse a un horario de oficinas.

b) Facilidad de acceso: la cual permitirá ya no ser necesario acudir a las oficinas de manera presencial para realizar las gestiones, se puede hacer desde cualquiera parte del mundo a través del teléfono o internet.

c) Ahorro del tiempo: para poder gestionar se puede realizar desde casa o cualquier lugar que deseemos, sin la necesidad de tener que desplazarse a una oficina de manera presencial.

d) Simplificación de los tramites: en cuanto al solicitante no necesitaran presentar documentos que ya posee la administración debido a tramites anteriores.

La principal ventaja que tiene la administración pública es la simplificación de los procedimientos administrativos de.

- Reducción de algunos costos y plazos de tramitación.
- Aumento de las transacciones realizada por la gente.
- Reducción de los papeles y archivos necesarios para la tramitación.
- Mejora de la seguridad de las transacciones.
- Eliminaciones de la necesidad de introducir la misma información en varios sistemas.

CAPÍTULO 18

Liderazgo y directivas

En las diversas organizaciones que existe se concentra la organización a través de sus colaboradores, en otras palabras, su equipo humano, una gran cantidad de talento. O al menos, esto debería ser uno de los principales objetivos a un nivel estratégico, captar y retener al mejor talento para poder ofrecer al mercado la excelencia en servicios.

En este sentido podemos distinguir diferentes tipos de talentos, todos ellos importante por su contribución en la labor de equipo que realiza tanto a la empresa o a la administración pública. Si empezamos por la base más grande de la cúpula de las organizaciones de trabajo, como norma general, encontraremos a los colaboradores individuales.

Los colaboradores individuales son aquellos roles en los que la responsabilidad individual y las personas son responsables de su propio trabajo. Luego encontraremos el siguiente grupo, menor en tamaño que son los mandos intermedios, aquí este tipo de personas tiene responsabilidad sobre su propio equipo, pero también sobre la contribución que su equipo aporta a la organización.

Después encontramos a los ejecutivos que son los que dirigen a estos mandos intermedios y finalmente en las posiciones más elevadas y de responsabilidad encontramos a las personas que ocupan roles de gerencia, alta dirección o presidencia.

La descripción anterior es una generalización como se estructura el talento dentro de las organizaciones si bien es verdad cada organización tienes sus sistemas peculiares y puede estar estructurada de forma diferente. Pero lo que se trata de es de entender con esta estructura es la idea de que es el liderazgo y las habilidades directivas son necesarios en la mayor parte de los colaboradores.

La importancia del liderazgo depende y dependerá del puesto que esté utilizando la persona ocupe dentro de la organización.

Las principales habilidades directiva podemos clasificar en distintos grupos, habilidades técnicas, humanas y conceptuales. Dentro de estas tres categorías, podríamos definir lo siguiente.

- Autoconocimiento y autofinanciamiento: el paso primordial para ser un buen directivo y poder mejorar es conocernos a nosotros mismos, saber nuestros puntos fuertes y nuestras debilidades, podemos conocernos más con la realización de un FODA o DAFO el cual nos ayudara a conocer nuestras fortaleza, oportunidades, debilidades y amenazas. Lo cual nos sería útil para conocer nuestro estilo de liderazgo y como nos relacionamos con los demás.

- Visión y pensamiento estratégico: todos los colaboradores y especialmente los que ocupan un puesto de responsabilidad tienen que ser capaces de participar y tomar decisiones en línea con estrategia.

- Gestión de la información y conocimientos de los negocios: se trata todos los sistemas de información externa del mercado y tener la habilidad de analizarla, decidir qué información es relevante para cada situación, trasladarla a su equipo de para que estén informados y que todo ello le ayude a una buena toma de decisiones.

- Comunicación: es fundamental que los directivos tengan excelentes capacidades en cuanto a la gestión de la comunicación, tanto a nivel gestión de la información como acabamos de mencionar, como de la comunicación es una de las claves de la gestión de equipos.

- Capacidad de negociación, gestión de crisis y cambios: tener las herramientas y la experiencia para negociar con los diferentes grupos de interés. Ello también implica la gestión de las situaciones complicadas en las que se producen las crisis internas o externas, o situación que implican cambios estructurales dentro de la organización.

- Gestión de proyectos: no es suficiente con desarrollar una estrategia, sino que luego esto hay que trasladado al día a día y por lo tanto realizar la implementación. Para ello, las personas que ocupan estos puestos con más responsabilidad y que tienen equipos a su cargo tendrán que ser capaces de dirigir y gestionar con éxitos los proyectos que estén dentro de sus áreas.

- Control y gestión del talento: será esencial realizar un control de los colaboradores, pero también pensando que se está dirigiendo a personas y que el enfoque es gestionar el talento que hay dentro de una organización para que no solo se quede en el control administrativo, sino que seamos capaces de ayudar a que esas personas evolucionen, crezcan dentro de una empresa pública o privada y que este desarrolle talento retroalimente al sistema que pueda existir en la compañía.

Para el liderazgo es muy importante la inteligencia internacional y las habilidades emocionales y las habilidades sociales.

El liderazgo es una habilidad esencial, sin el liderazgo todo lo demás no tiene sentido, el estilo de liderazgo es un hilo conductor que hará que el resto de las habilidades puedan desarrollarse y unirse para motivar y dirigir equipos.

CAPÍTULO 19

Ética y Gobierno

Cuando no existe un Estado o un gobierno global, las relaciones internacionales se ven resguardadas por múltiples instituciones de gobiernos globales, entre ellas organizaciones fundamentadas en tratados, así como diversos organismos formales e informales en la sociedad global. ¿pero qué limitaciones éticas se le aplican? Los presente actores que conforman los organismos de gobiernos globales son Estados, los cuales se encuentran sujetos a estrictas limitaciones ética debido a que se desempeñan papeles principales en las practicas globales, la sociedad de los Estados soberanos. Tienen valores que los restringen de dichas prácticas como son la libertad y la diversidad. Dado que Estados e individuos conforman las instituciones de gobierno global, se les exige que promuevan ambos valores éticos.

Actualmente no existe un Estado mundial, por lo tanto, un gobierno global. En su lugar el mundo contemporáneo de hoy consta de 194 Estados soberanos que coexisten en un orden mundial globalizado. Los cuales coexisten en un mundo con interacciones transnacionales que con el paso del tiempo han conllevado a la creación de organizaciones internacionales de uno o de otro tipo. Entre ellas destacan iglesias, empresas multinacionales, organizaciones científicas, organismos deportivos, por mencionar algunas.

Existe una inmensidad de literatura, sobre el proceso de la globalización, dentro de este mundo ha surgido una necesidad de regla de conducta transnacionales que guíen aquellos sumidos en esta interacción global. Se requiere reglas transnacionales para la coordinación, la prevención de conflictos, la resolución de litigios, la normalización, entre otras cosas.

En ningún ámbito esto resulta tan evidente como el terreno de la banca internacional, dado que se ve enfrentado a la crisis financiera mundial. Sin dichas reglas reguladoras sociales en las actuales prácticas internacionales globalizadas.

Existe una serie de reglas funcionales el cual es un requisito previo para el desarrollo en curso de nuestra orden internacional, las reglas deben de ser eficaces y vinculantes para la participación de la sociedad en globalización.

La creación de un orden global regulado requiere instituciones de gobernanza global capaz de crear marcos regulatorios que pueda vincular a todos los actores en un ámbito funcional y especifico.

Esto deja la siguiente pregunta o intriga, ¿Cuáles son las instituciones de gobernanza global que ofrecen reglas, a falta de un Estado global o consiguientemente un gobierno?

Contestando a la pregunta anterior que en cierra el párrafo anterior. Son muchas y diversas organizaciones que han abordado la elaboración de reglas para un mundo globalizado, puesta la fijación de las practicas regulatorias adecuadas, desde las tratadas como, la ONU, la OTAN o el FMI, hasta amplio número de diferentes tipos de organizaciones gubernamentales (ONG) una clasificación detallada de dichas organizaciones bien podría ser materia de todo un tratado.

A pesar de la variedad de mecanismo para un gobierno global, resulta relevante señalar ciertas características generales sobre acuerdos de gobiernos establecidos en este mundo que carece de un gobierno global. En primer lugar, todos estos órganos estarán limitados a ámbitos específicos de competencia, elaboran reglas relativas a funciones y actividades especifica como banca, medioambiente o producción y distribución de la energía.

Las jurisdicciones del organismo de gobernanza global están limitadas a funciones particulares y, a menudo a zonas geográficas concretas. En segundo lugar, muchos organismos de gobiernos se solapan en su ámbito de actuación. En tercer lugar, ninguno de ellos posee la soberanía que caracteriza primordialmente al Estado, en cuarto lugar, dichas organizaciones ven la luz en diferentes momentos con diferentes objetivos. Y finalmente como quinto elemento, el entramado de organismo de gobiernos está fluyendo constantemente.

Ello implica la entrada que a menudo se producen enfrentamientos relativos a quien es competente para establecer reglas, sobre qué y en que ámbitos.

Las instituciones de gobierno no nacen del vacío, sino que son creadas dentro de las practicas globales existentes por parte de actores participes de esas mismas prácticas. Las dos practicas claves que son cultivo de las instituciones de gobiernos internacional son dos practicas anárquicas. Por un lado, tenemos las sociedades de Estados soberanos, y por otro lado la sociedad global. Ambas dos son stricto sensu lo que quiere decir que es la necesidad observar de forma voluntaria una conducta, a favor de la colectividad general o de una persona determinada.

Hay que entender que en ambos casos los actores individuales conformados por la práctica que disponen de iguales libertades y no están sujeta a ningún gobierno soberano. Los Estados soberanos son los actores centrales, hombres y mujeres son considerados como titulares de derechos. Estos actores lo conforman la práctica.

La creación de un orden mundial requiere y necesita de instituciones gubernamentales globales.

Contemplando la existencia de una vasta gama de organismos implicados en la gobernanza global, nos surge una pregunta que es fundamental ¿son éticos estos organismos? A pesar que suene común plantear esta pregunta sobre nuestras estructuras estatales formales, como a menudo hacemos es emitir juicios éticos sobre las características monárquicas absolutistas, Estados totalitarios, Estados autoritarios o Estados fallidos y débiles.

Resulta menos común plantearla en relación con los organismos encargados de los organismos global. Al emitir juicios éticos sobre los Estados soberano, apelemos sobre la teoría democrática, la teoría de derechos humanos, así como la teoría de justicia, entre otras. Existen debates, ensayos sobre las bondades de las democracias sociales frente a las maldades del Estado totalitarios. Más complejas son las discusiones, a menudo a bordados, sobre los pros y contras éticos de diferentes tipos de democracias.

De una forma similar, se plantean complejos y subidos debates sobre diferentes tipos de sistemas electorales. En el ámbito internacional siempre se discute, con frecuencia se argumenta éticamente sobre las ventajas e inconvenientes de la sociedad de Estados soberanos en comparación con algún otro orden internacional imaginable como por ejemplo el comunista. Asimismo, se crean debates éticos en ejes a nuestros sistemas contemporáneos para la distribución universal de los escaso recursos y acerca de la libertad, o falta de ella, de las personas para moverse por el planeta a su gusto. Dichos debates se nutren de teorías de justicia internacional.

Los organismos de gobiernos son muchos y muy diversos, y porque son peor entendidos que los Estados soberanos. Con el fin de calmar esta carencia de ética de gobernanza global.

El punto de partida consiste en resaltar que muchas de las diferentes estructuras de gobiernos en la política mundial son obra de actores sumidos en las dos practicas brevemente mencionado más arriba. Aquellos que establecen instituciones de gobiernos son una de dos, o Estados soberanos en la sociedad, u hombres y mujeres individuales que poseen derechos en la sociedad global. Dichos actores no existen en la nada, sino que están constituidos como lo que son dentro de una gobernanza global.

Una implicación importante es que dichos personajes se ven constreñidos por los valores éticos implicados en las prácticas en las que ellos mismos se han constituido como Estados o como titulares de derecho individuales. El hecho de una constitución social inflige limitaciones éticas sobre que instituciones de gobierno sería adecuado crear por su parte.

Existe toda una sucesión de ámbitos en los negocios globales dentro de la cual los actores buscan hoy por hoy alzar estructuras de gobiernos adecuados. Hay ámbitos en que el gobierno resulta en urgente en estos momentos, las finanzas, la banca, el calentamiento global, la distribución de alimentos, el terrorismo global, las migraciones internacionales y la regulación de las empresas militares privadas. Estas son solas algunas de muchas cuestiones.

Los actores que buscan luchar con ellas son tanto Estados como individuos particulares los cuales a menudo trabajan mediante asociaciones específicas, como actualmente se ha señalado, estos actores no son libres, esperando algún limbo a crear estructuras de gobiernos global adecuadas. Además, no se les considera propiamente actores libres de elegir que código ético aplicar en sus formas apropiadas de gobiernos que se requiere introducir, a dichos actores que ya son piezas globales altamente sofisticadas en las que hay integrados elaborados códigos éticos.

Los Estados soberanos. Es estar constituidos como tal en las prácticas de los Estados soberanos, con ello me refiero a que consiste ser un Estado participante se ve determinado por otros Estados dentro de las prácticas de los Estados. Para cualquier reconocimiento por parte del resto del Estado como legitimo participante, resulta fundamental ser un participante completo.

Existen múltiples entidades en el mundo que desean convertirse en participantes de la sociedad de Estados. Sin embargo, no han recibido todavía el reconocimiento. El requisito del reconocimiento mencionado aquí es común al conjunto de prácticas sociales. Club de futbol, iglesia, escuelas, universidades, clubs privados, etc.

Disponen de reglas y regulaciones internas sobre el criterio previo que se debe aplicar para que un actor sea reconocido, una de las características clave para convertirse en participante de una práctica social es que el actor en cuestión debe entender, aceptar y promover los valores éticos. Por ejemplo, los estudiantes deben aceptar los compromisos éticos que en dicha institución establece en su manual de convivencia, lo que incluye entre otras cosas, comprometerse a la búsqueda de la verdad del conocimiento, someterse al derecho probatorio y rechazar las trampas. De igual forma, entidades que son aceptadas en la práctica de los Estados deben aceptar los valores asociados con dicha práctica. Estos son un compromiso con la autonomía soberana de los Estados individuales y una aceptación de los valores de diversidad entre Estados dentro de la práctica, aceptando, que algunos Estados serán socialistas, otros liberales, otros comunistas, otros islámicos, etc. En dicha sociedad los participantes tienen derecho a ser diferentes entre sí.

Por dar un ejemplo, los Estados soberanos han logrado la posibilidad de forjar ciertas alianzas o acuerdos con otros Estados, la libertad que hace posible llevar a cabo políticas internas como las que deciden sus propios ciudadanos, así como también pueden plantearse y llevar a cabo sus propios acuerdos diplomáticos y económicos en el plano internacional.

Los Estados deben de aprender las consecuencias de lanzar ataques o agresiones bélicas contra otros Estados soberanos, la consecuencia es lo ilícito de intentar imponer sus políticas en otros Estados, incumpliendo los contratos de ámbitos internacionales. Los participantes deben de entender y comprender que las acciones serian contrarias a la ética.

La segunda practica global de gran importancia es la construcción de unidades para la gobernanza global. Al comprender que la sociedad global, se trata de una práctica mundial que incluye como participante a cualquier persona en cualquier lugar. En la sociedad global las personas se constituyen mutuamente, mediante un proceso de reconocimiento reciproco, como titulares de derechos humanos. Se reconocen libertades, que incluyen el derecho de la integridad personal, derecho de movimiento, la libertad de asociación, libertad de conciencia, así como el derecho a la propiedad privada.

Los elementos nucleares vinculados a los derechos definitorio de la practica como un todo, son los valores de autonomía individual y el valor de la diversidad. No resulta posible dar sentido a derechos sin asumir que los participantes valoren la libertad y la diversidad que a su vez su libertad hace posible.

Los titulares de los derechos pueden usar su derecho de diferentes formas. Los derechos crean y alimentan diversas salidas, dentro de la sociedad global, así como la sociedad de los Estados, existen ciertos requisitos que deben ser cumplidos, lo principal consiste en respetar los derechos de los demás. Lo segundo es que las personas alimenten la diversidad que surge a través de los derechos del resto.

Los derechos garantizan a una persona con una serie de acciones, cuyo mayor parte permite diferentes tipos de asociación de derechos. Básicamente se le requiere que no abusen de los derechos del resto. En una ultima instancia, el abuso del derecho de otros podría conllevar que el resto de los titulares de derechos abusen.

Resulta crucial para el presente capitulo que se comprenda que todos los responsables de crear estructuras de gobiernos para poder lidiar, con las cuestiones anterior mente dichas participan en forma simultánea en prácticas diarias, y por lo tanto quedan obligado por los valores éticos. Son al mismo tiempo tantos actores dentro de la sociedad de los Estados soberanos, en su calidad de ciudadanos en la sociedad global en su calidad de titulares de derechos.

Todas las personas, en todo lugar y en todo tiempo tienen los mismos derechos universales inalienables, así como un sin números de otras practicas locales como la familia, la iglesia, la escuela, los clubes privados, etc. Al paso del tiempo conlleva los cambios adaptarse a los nuevos tiempos. A menudo ocurre que lo que se requiere desde un punto de vista ético de una practica puede llegar a entrar en conflicto con lo exigido éticamente en otra.

Encontrar formas de solucionar dichas tensiones resulta fundamental para la planificación y la elaboración de políticas ligadas al gobierno. Por ejemplo, si existiera tención inherente entre lo que se exige éticamente en la sociedad global como la reclamación y el respeto de los derechos humanos individuales, y lo que se requiera éticamente de una persona en la sociedad de Estados soberanos, y la protección de su autonomía.

En algunos casos puede parecer que hacer esto último obliga a pasar por alto cuestiones de gobiernos ligadas a los migrantes. Frente a dichas cuestiones, las personas deben buscar formas de resolver dichas tenciones, si no desean que sus vidas se vean afectadas por contradicciones ética. Una forma de llevarlo a cabo consistiría en insistir en que los Estados y sus gobiernos, en todas sus acciones, también promuevan los derechos de la sociedad global de los individuos libres.

CAPÍTULO 20

Historia de las constituciones

Para comenzar con la historia hay que comenzar con la siguiente pregunta ¿Por qué se crean las constituciones? Lo primero para entender qué es una constitución, tenemos que saber ¿por qué se crearon las constituciones? y cómo han ido evolucionando a lo largo del tiempo. Esto es importante para entender que es una constitución.

a) la constitución no surge de la nada

b) chile tiene una tradición constitución

c) los tipos de constitución que existen

El constitucionalismo: el constitucionalismo surge en Inglaterra durante el siglo XVII como una reacción o solución ante el absolutismo. El absolutismo promovía la idea de que los reyes podría concentrar todo el poder en sus manos, sin estar limitado por el derecho.

Derecho inherente que el Estado debe de respetar: el constitucionalismo reivindicó las viejas ideas de que nadie puede estar por sobre el derecho, que nadie puede estar por sobre el derecho, que nadie puede pretender monopolizar el derecho, y que todas las personas poseemos ciertos derechos inherente que el Estado debe respetar.

Primera constitución en el mundo: El constitucionalismo y sus ideas arraigaron en las 13 colonias norteamericana (EEUU) de Inglaterra, dando el origen más tarde a una prometiente nación que son los Estados Unidos de Norteamérica y a la primera constitución escrita en el mundo y la que sería el ejemplo de muchas otras.

Documentos de nominado (constitución): si bien a partir del siglo XIX en los países de occidente específicamente en el continente americano surgen estos nuevos documentos de nominados "constituciones", estos nuevos documentos muchas veces se ocuparon bien de la organización del poder. Pero les faltaba el espíritu constitucional es decir la idea fundamentar de limitar el poder.

Derechos, libertades y limitación del poder: aquello se mantiene más o menos igual a lo largo del tiempo, hasta después de la segunda guerra mundial, momento de partir del cual la defensa de los derechos, libertades y a la limitación del poder pasaron a ser lo principal o mejor dicho el centro del texto constitucionales que surgen a contar de ese periodo.

CHILE en sus primeros 100 años: Chile, en sus inicios (en sus primeros años) como nación, tuvo una serie de textos constitucionales (8 entre 1810 y 1833) que intentan crear cierta institucional en el país. Aunque no logra consolidarse, estos textos empiezan a trazar algunos aspectos que se mantendrán en la organización de la Republica: un presidente a cargo del gobierno, un congreso con dos cámaras, y una división entre los poderes del Estado.

1833 primera constitución duradera: En 1833 se dicta la primera constitución duradera. Con ella se empiezan a consolidar las bases de la tradición constitucional chilena, como el presidencialismo, algunos derechos, y a las atribuciones del congreso.

Constitución de 1925 reafirma el presidencialismo: la constitución de 1925 como dice en su título reafirma el llamado presidencialismo, asegura una lista más completa de derechos y libertades y crea instituciones como el tribunal calificador de elecciones y en una de sus modificaciones, el tribunal constitucional.

1980 continua el sistema presidencialista: La constitución de 1980 continua el sistema presidencialista, un congreso bicameral, regula nuevamente el tribunal calificador de elecciones y el tribunal constitucional, e incorpora la regulación de la contraloría general de la república y del banco central. Pero su principal novedad es la incorporación de un recurso especial para hacer efectiva la protección de los derechos y libertades reconocida en la constitución el recurso de protección.

Restricciones a las libertades públicas: sin embargo, esta constitución fue redactada durante un gobierno dictatorial (dictadura militar) en simple palabras durante un gobierno no electo democráticamente. El plebiscito ratificador se desarrolló cuando en chile no había registro electoral y el país se encontraba en Estado de sitio, es decir, existían restricciones a libertades pública.

Principales reformas: múltiples artículos de la constitución han sido reformada a través de sus casi 40 años de vigencia. Las principales reformes fueron la del 1989 y la del 2005, la que se lograron gracias a los acuerdos de diversos sectores político.

Reforma de 1989: la reforma de 1989 fortaleció la protección de los derechos fundamentales y una mayor participación cívica.

Reforma del 2005: la reforma del 2005 fue de tal envergadura, que al ser promulgada fue presentada como nueva constitución, símbolo de lo cual es la firma del presidente Ricardo lagos. Algunas de las modificaciones incluidas fueron la eliminación de senadores designados, el aumento de funciones de control de la cámara de diputados, y el aumento de las atribuciones del tribunal constitucional.

¿Para qué sirve hoy la constitución? Para responder esta pregunta es necesario saber cuáles son Contenidos mínimos de una constitución para lograr su fin.

¿Hemos leído en detalle nuestra propia constitución? ¿Sabemos su objetivo y por qué es tan importante? Como los antecedentes históricos reconocidos, la constitución es un límite al poder por medio del derecho, con el fin de sensores y resguardar los derechos y libertades fundamentales de las personas.

Respondiendo la pregunta ¿para qué sirve la constitución hoy?

No es un simple conjunto de normas destinadas a organizar a los poderes del Estado

No es un instrumento al servicio del poder, sino que de las personas

Tiene límites, ya que una constitución que no limita el poder o reconozca los derechos fundamentales, no es una verdaderamente una constitución

Para lograr la limitación al poder, existen ciertos contenidos limitados que tienen que estar en una constitución.

1. Reconocimiento del Imperio del Derecho o Estado de Derecho

El Imperio del Derecho o Estado de Derecho es un procedimiento destinado a frenar el poder por medio del Derecho. El Derecho está por encima del gobierno y de las autoridades. El Derecho delimita las atribuciones de los órganos del Estado.

Este principio del Estado de derecho ha estado reconocido en las Constituciones chilenas de 1833, 1925 y 1980.

UDS se preguntarán como se logrará la limitación de las autoridades, las mismas autoridades que dictan leyes y los reglamentos.

Esto se logrará a través de la supremacía de la constitución. Pero esto que significa, significa que la constitución está por sobre el poder, especificando las atribuciones de las autoridades, la constitución está por encima de todas las otras normas que rigen en un país. Tiene una jerarquía superior a las leyes, a los reglamentos y a toda otra norma dictada por una autoridad del tipo que sea. Ninguna norma, leyes o reglamentos pueden ir en contra de lo que dice la constitución, la constitución está por sobre los órganos que producen dichas normas. El mejor ejemplo de esto es el congreso o el presidente.

Consecuencias de la supremacía constitucional Para proteger la supremacía de la constitución, generalmente existen requisitos más exigentes para modificar la constitución que para cambiar la ley.

hoy en día la mayoría de las leyes en Chile se aprueban por la mayoría de los parlamentarios presentes. En cambio, para aprobar una reforma a la Constitución se necesitan como regla general 3/5 de los diputados y senadores en ejercicio, y para algunas materias 2/3 de los parlamentarios en ejercicio. En otros países de Latinoamérica se usa también el sistema de aprobación por mayoría reforzada de 2/3, que es lo que ocurre en Ecuador, Uruguay y Argentina, por ejemplo. Asimismo, los sistemas constitucionales protegen la supremacía constitucional con otros mecanismos, como la aprobación del parlamento por un quórum especial, y además un referéndum o plebiscito (Constitución española, por ejemplo), o la aprobación por mayoría absoluta de las cámaras, pero con dos votaciones sucesivas, mediando entre cada votación un determinado período (Constitución italiana, por ejemplo), entre otras formas.

La idea es que el legislador no puede cambiar el contenido de la Constitución a través de una ley.

Para asegurar la supremacía de la Constitución deben existir instituciones y mecanismos que controlen que el Congreso y el presidente no dicten normas contrarias a la Constitución. En la nuestra, estos organismos son el Tribunal Constitucional, la Contraloría General de la República y los Tribunales de Justicia. El rol esencial del Tribunal Constitucional es controlar la constitucionalidad de las leyes. En Chile fue introducido a nuestro sistema jurídico por la reforma constitucional de 1970 a la Constitución de 1925, aunque existe en muchos países (Alemania, Francia, España, Italia, Colombia, etc.). En los países en que no hay Tribunal Constitucional, los tribunales de justicia tienen que controlar que la ley no contradiga la Constitución (ej.: Estados Unidos, Argentina, Brasil).

Pero que más tiene que estar regulado en una constitución debería tener detallado algunas definiciones básicas de organización que, en el fondo, se relacionan con la división de poderes.

También debiese contener mecanismo para reformarla. Si esto no está contemplado, las constituciones quedan obsoletas y no queda más remedio que una nueva constitución.

CAPÍTULO 21

Preguntas frecuentes de las personas

Como ciudadanos tenemos distintas preguntas dudas, del momento coyuntural que estamos viviendo como pueblo y como nación.

¿Cuántas constituciones ha tenido Chile?

Chile ha tenido 10 constituciones: 1811, 1812, 1814, 1818, 1822, 1823, 1828, 1833, 1925 y 1980.

¿Qué debe tener una constitución?

Debe contener el sistema de separación de poderes, diseñando su estructura, asignándole las atribuciones y competencias a cada poder del Estado, así como el listado de los derechos y libertades que se reconocen a las personas y los mecanismos que permitan garantizarlos.

¿Qué es la democracia?

La democracia es la forma de gobierno en la que el poder es ejercido por las autoridades elegidas por el pueblo en elecciones periódicas, libres, secretas e informadas.

¿Qué es el Estado de derecho?

Es un principio esencial del constitucionalismo, que exige el sometimiento del poder estatal a la Constitución, a las leyes, a las sentencias judiciales, a la dignidad y a los derechos esenciales del ser humano.

¿Qué es la separación de poderes?

Es un principio esencial del constitucionalismo, que consiste en que las diversas funciones del poder estatal, se ejercen por diversos órganos: legislativo, ejecutivo y judicial.

¿Qué derechos deben incluirse en una Constitución?

Si se atiende a los orígenes del constitucionalismo, se comprueba que éste nació con la finalidad de defender y proteger al menos los siguientes derechos, que deberían ser reconocidos y amparados por toda constitución: el derecho al debido proceso (presunción de inocencia, derecho a la defensa, derecho a la imparcialidad del juzgador, etc.); la igualdad ante la ley (impedir privilegios arbitrarios, carentes de razonabilidad); el derecho a la vida (derecho a no ser privado injustamente de la vida y derecho a defenderla); el derecho de propiedad (derecho a no ser privado arbitrariamente de la propiedad); la libertad de asociación (derecho a crear asociaciones); la libertad religiosa y de conciencia (derecho a profesar o no una fe, a manifestarla públicamente, y a no ser obligado a ir en contra de la conciencia); el derecho a sufragio activo y pasivo (a elegir y a ser elegido). La peculiaridad de estos derechos radica en que, desde el punto de vista jurídico, en caso de vulneración o amenaza de vulneración pueden ser protegidos y amparados por los jueces por el solo hecho de estar reconocidos en la Constitución.

¿Qué son los derechos sociales?

Los derechos sociales son una manifestación de la legítima aspiración por justicia social de parte de una comunidad política. Por regla general constituyen principios y programas de política social, que deben ser desarrollados e implementados por los poderes legislativo y ejecutivo, conforme a las disponibilidades económicas del país. A partir de su desarrollo e implementación legislativa, podrían ser protegidos y amparados por los jueces.

En cualquiera de los dos escenarios anteriores ¿sería posible modificar la actual Constitución?

Sí, aplicando el procedimiento de reforma del capítulo XV.

¿Cómo se puede modificar la actual Constitución?

Conforme al Capítulo XV de la Constitución, el poder de reforma corresponde al Congreso Nacional. La iniciativa legislativa para proponer una reforma corresponde tanto al presidente de la República como a cualquiera de los diputados o senadores. La regla general es que para reformar la Constitución se requiere en cada cámara de los 3/5 de los diputados y senadores en ejercicio. Pero para cambiar los Capítulos I (Bases de la Institucionalidad), III (derechos y deberes constitucionales), VIII (Tribunal Constitucional), XI (Fuerzas armadas, de Orden y Seguridad Pública), XII (Consejo de Seguridad Nacional) o XV (Reforma de la Constitución), necesitará, en cada Cámara, la aprobación de los 2/3 de los diputados y senadores en ejercicio.

¿Por qué se dice que la actual Constitución contempla un Estado subsidiario?

Porque conforme al artículo 1 de la actual Constitución, el Estado reconoce, ampara y garantiza la adecuada autonomía de la sociedad civil, es decir, de aquello que este artículo denomina "grupos intermedios a través de los cuales se organiza y estructura la sociedad". La subsidiariedad tiene dos significados. El primero implica que el Estado debe acudir en ayuda ("subsidio") de las comunidades menores y de las personas en situación de necesidad. Ejemplo de esto son las medidas económicas adoptadas por el Estado para ir en ayuda de las personas que han perdido sus trabajos e ingresos debido a la contingencia sanitaria provocada por el Covid-19 (bonos, préstamos, alimentos). El segundo supone la no intromisión del Estado en aquello que sea de competencia de las comunidades menores y que éstas estén en condiciones de realizar.

¿Cuál es la finalidad u objetivo del Estado según la actual Constitución?

Según el artículo 1 de la actual Constitución "el Estado está al servicio de la persona humana y su finalidad es promover el bien común, para lo cual debe contribuir a crear las condiciones sociales que permitan a todos y a cada uno de los integrantes de la comunidad nacional su mayor realización espiritual y material posible, con pleno respeto a los derechos y garantías que esta Constitución establece".

¿Qué dice la Constitución sobre las pensiones?

Las pensiones son la más importante manifestación del derecho a la seguridad social, reconocido en el artículo 19 N°18 de la actual Constitución, que fija el marco y principios generales de este derecho. Como ocurre con todos los derechos sociales, debe ser desarrollado por el Poder Ejecutivo y el Poder Legislativo, que es a quienes le corresponde implementarlos y darles contenido. Por eso el mismo artículo dispone que el desarrollo de este derecho y así como el pago de cotizaciones son materias que deben ser reguladas mediante leyes, y que el Estado debe "garantizar el acceso de todos los habitantes al goce de prestaciones básicas uniformes, sea que se otorguen a través de instituciones públicas o privadas". Ejemplos: Ley N°21.190, que reformó los montos de las pensiones solidarias; el D.L. 3.500, que regula el sistema privado de pensiones. No obstante, a fines de julio de 2020 el Congreso aprobó una reforma constitucional para permitir que las personas puedan retirar hasta un 10% de sus fondos de pensiones, lo que, si bien es una materia propia de ley, se prefirió regular mediante una norma constitucional transitoria.

¿Qué dice la Constitución sobre la educación?

El derecho a la educación está reconocido en el artículo 19 N°10 de la actual Constitución, que fija el marco y principios generales de este derecho. Como ocurre con todos los derechos sociales, debe ser desarrollado por el Poder Ejecutivo y el Poder Legislativo, que es a quienes le corresponde implementarlos y darles contenido. Dicho artículo reconoce a los padres "el derecho preferente y el deber de educar a sus hijos", e impone al Estado el deber de "promover la educación parvularia, para lo que financiará un sistema gratuito a partir del nivel medio menor". Asimismo, contempla la gratuidad y obligatoriedad de la educación básica y media, y el deber del Estado de "fomentar el desarrollo de la educación en todos sus niveles; estimular la investigación científica y tecnológica, la creación artística y la protección e incremento del patrimonio cultural de la Nación". Ejemplos de leyes en materia de educación: Ley General de Educación, Nº20.370; Ley N°21.091, sobre educación superior y que establece la gratuidad en educación superior.

¿Qué dice la Constitución sobre la salud y el precio de los medicamentos?

La actual Constitución reconoce el derecho a la protección de la salud en el artículo 19 N°9, de la Constitución, que fija el marco y principios generales de este derecho. Como ocurre con todos los derechos sociales, debe ser desarrollado por el Poder Ejecutivo y el Poder Legislativo, que es a quienes le corresponde implementarlos y darles contenido. En base a este mandato el Poder Ejecutivo ha llevado adelante las medidas destinadas por ejemplo a combatir la pandemia de Covid-19, declarando el Estado de catástrofe, integrando el sistema público y el sistema privado de salud, mejorando la infraestructura hospitalaria y el apoyo médico y sanitario, etc. Por su parte, el acceso a los medicamentos y su precio es una materia que debe ser regulada por la ley. Ejemplos: Ley N°20.850, que creó un sistema de protección financiera para diagnósticos y tratamientos de alto costo (Ley Ricarte Soto); Ley N°20.724, que modificó el Código Sanitario en materia de regulación de farmacias y medicamentos (incorpora los bioequivalentes).

¿Qué dice la Constitución sobre los sueldos y remuneraciones?

Los sueldos y remuneraciones son los ingresos a que tiene derecho el trabajador como contraprestación por el trabajo que libremente elija. La actual Constitución reconoce la libertad de trabajo en el artículo 19 N°16, y dispone que toda persona tiene derecho a una justa retribución por su trabajo, la que debe ser pactada en el contrato de trabajo. Sin embargo, el legislador es quien fija anualmente el ingreso mínimo, es decir, la remuneración mínima que debe recibir un trabajador.

¿Qué dice la Constitución respecto de la propiedad sobre las autopistas y carreteras y sobre el agua?

La propiedad sobre carreteras y el agua, está regulada mayormente en el Código Civil, y en menor medida en la Constitución. Así, conforme al artículo 589 del Código Civil las carreteras, caminos, calles, plazas, son de propiedad del Estado, y se les denomina bienes nacionales de uso público. Y el artículo 595 del mismo Código dispone que todas las aguas son de propiedad del Estado, y por eso son bienes nacionales de uso público. No obstante, el artículo 19 N°24 de la Constitución, dice que las personas que han obtenido un derecho de aprovechamiento de aguas tienen la propiedad sobre este aprovechamiento. El derecho de aprovechamiento de aguas está regulado en el Código de Aguas.

Hay muchos puntos destacables del proceso constituyente y de lo que lo rodea, luego de ver toda la información y contenido que lleva este proceso, hayamos podido comprender lo fundamental de una constitución que es el limitar al poder. Y para eso toda constitución debe reconocer todos estos puntos nombrados y enumerados.

1. El Estado de derecho: Tanto gobernantes como ciudadanos sometidos al derecho.

2. Supremacía de la constitución: La constitución está por sobre el poder y las otras normas que rigen el país.

3. Separación de poderes: Ninguna autoridad concentra todo el poder.

4. Derechos fundamentales: Facultades que todos tenemos por el hecho de ser seres humanos y que los gobernantes no pueden vulnerar.

Una constitución que no limite el poder no se puede llamarse constitución.

Tampoco puede pretenderse que la constitución contenga todo el derecho. Hay materias que necesariamente deberán regularse en mayor detalle en otras normas. Ejemplo: detalle de procedimientos electorales, sistemas de salud y pensiones, etc. Las constituciones que intentan regular todo en detalle suelen ser más inestables y terminan siendo modificadas constantemente.

Bibliografía

Declaraciones de los derechos del hombre y del ciudadano 1879. Disponible en: conseilconstitutionnel

La constitución de Estados unido de 1787.

En el Congreso, 4 de julio de 1776, se reunió una declaración de los representantes de los Estados Unidos de América, en el Congreso General.

Fija el texto refundido, coordinado y sistematizado de la constitución política de la republica de chile.

undp_cl_gobernabilidad_INFORME_Mecanismos_cambio_constitucional.

Principios jurídicos y ordenamiento jurídico. Bases para una teoría general de los principios jurídicos en el sistema constitucional chileno.

Constitución en debate.

Condiciones para la democracia (Robert Dahl).

Partidos, movimientos y coaliciones.

Partido político.

Partidos constituidos.

Bienvenido a la ley Chile.

Para que sirve la política.

Guía de formación cívica- el Estado.

Sistema político.

Intereses de la política exterior de chile.

Política exterior

Principio de la política exterior de chile.

Economía.

-The Political Economy of British Columbia's Rainforests de Elmer G. Wiens (en inglés)

Estación de economía política

Nuevo sistema electoral chileno: método D´Hondt.

-Hanna Arendt, pág. 68.

La acción como revelación del agente en Hanna Arendt: gesto identitario y crisis de representación.

- Maquiavelo Nicolás, el príncipe, ed. varias, capitulo XV.

- Maquiavelo Nicolás, el príncipe, ed. varias, capitulo XVII.

- Weber Max, economía y sociedad, fondo de cultura económica, págs. 1043-1076.

- El federalista, ediciones varias.

- Aristóteles, ediciones varias, política.

- Max Weber, ciencia y política, "la política como profesión", ed. Varias.

- artículo 63 de la Constitución), y a los tribunales la de impartir justicia (artículo 76 de la Constitución.

- Münch Galindo & García Martínez, 1990.

www.ingramcontent.com/pod-product-compliance
Lightning Source LLC
Chambersburg PA
CBHW060114260726

48658CB00004B/1540